JN438996

Upgrade Yourself

매 너

Upgrade Yourself
매 너

펴낸날 1판 1쇄 2007년 8월 30일 펴냄
1판 2쇄 2008년 8월 30일 펴냄
지은이 엄문자
펴낸이 오 명
펴낸곳 건국대학교출판부
주 소 : 143-701, 서울시 광진구 화양동 1번지
전 화 : 도서주문 (02) 450-3893 / 팩스 (02) 457-7202
편 집 실 (02) 450-3892
홈페이지 : http://press.konkuk.ac.kr
전자우편 : press@konkuk.ac.kr
등 록 : 제 4-3 호(1971. 6. 21)

책임편집 임 경 희

찍은곳 동화인쇄(주)

정가 10,000원

ISBN 978-89-7107-474-9 03380

♠ 이 도서의 국립중앙도서관 출판시도서목록(CIP)은 e-CIP 홈페이지(http://www.nl.go.kr/cip.php)에서 이용하실 수 있습니다.(CIP제어번호: CIP2007002756)

Upgrade Yourself

매 너

엄문자 지음

건국대학교출판부

머리말

해외여행이 보편화되고 해외출장이나 연수, 유학뿐만 아니라 우리나라를 찾는 외국인을 통해서도 여러 나라의 문화를 접할 기회가 늘어나는 지구촌 시대, 때와 장소에 맞는 적절한 매너의 필요성은 갈수록 커지고 있지만 각종 미디어와 매체를 통해서 얻을 수 있는 올바른 매너에 대한 정보는 그 중요성에 비하자면 아직도 걸음마 수준에 머물러 있다.

만약 처음 가 본 외국 식당에서 눈앞에 줄줄이 펼쳐진 그릇과 포크, 나이프에 어느 것부터 사용해야 할지 당황해 본 적이 있다면, 통성명을 하고 주고받은 명함을 언제 어디에 넣어야 하는 것인지 고민해 본 적이 있다면, 상사 혹은 웃어른과 함께 엘리베이터나 차에 탈 때 어느 편에 서고 앉아야 하나 머뭇거린 적이 있다면, 한 번쯤은 '누가 이런 것 좀 가르쳐주면 좋을 텐데'라는 생각을 해보게 되었을 것이다. 이 책은 그러한 '누군가'의 역할을 대신하기 위해 엮어진 실용서적이자 지침서이다.

매너는 개인의 품위를 고양시키고 인격을 돋보이게 하는 인적 자산이다. 똑같은 실력을 가진 두 사람이 있다면, 어느 자리에서나 그 자리에 맞는 당당하고 매끄러운 매너를 가진 경우가 그렇지 못한 경우에 비해 더 인정받는 것이 사실이다.

또한 그보다 더 중요한 것은 매너는 사회를 함께 구성하는 타인에 대한 배려라는 점이다. 나만이 아닌 구성원 개개인을 모두 존중하고 공동생활을 보다 유쾌하게 할 수 있도록 만들어주는 매너, 모쪼록 이 책이 우리 사회의 올바른 매너 형성에 작은 도움이 되었으면 하는 바람이다.

이 책에는 25여 년 간 필자가 대학에서 강의를 하면서 대학생들이 사회생활을 시작할 때 보다 도움이 될 만하다고 느낀 내용들이 포함되었으며, 이미 사회생활을 하는 직장인이나 매너에 관심 있는 누구라도 쉽게 읽을 수 있도록 생활 속에서 또 직장에서 알아두면 도움이 되는 매너들을 이해하기 쉽게 설명하였다.

책의 출판과 정년 즈음에 더불어 감사하고 싶은 이들에 대한 소회를 지면을 빌어 털어놓자면, 무엇보다도 강단에서 정년을 무사히 마칠 수 있도록 한결같이 인내하며 도와주고 힘을 실어준 남편 전도일 박사와 언제나 힘과 지지를 보내준 두 딸 희선, 수연에게 깊은 감사의 마음을 전하고 싶다. 또한 이 책을 정년에 맞추어 출판할 수 있도록 성심껏 도와준 제자 류미현 선생에게 진심으로 고마운 마음을 표하며, 책을 출판하기에 빠듯한 시간임에도 여러모로 협조해주신 건국대학교출판부 관계자 여러분께도 감사드린다.

2007년 8월

저 자

차 례

3장 커뮤니케이션 매너

4장 복장 매너

5장 사교 매너

6장 테이블 매너

7장 경조사 매너

8장 공공장소 매너

9장 여행 매너

1장

매너의 중요성과 의미

1. 현대사회에서 매너의 중요성

2. 매너의 의미

1. 현대사회에서 매너의 중요성

현대는 바야흐로 '매너의 시대'이다. 일상생활 속에서나 다양한 인간관계 속에서 매너는 필수요소이며, 남녀노소 지위고하를 막론하고 매너 있는 사람은 어디에서나 긍정적인 평가를 받는다.

매너는 더불어 살아가는 타 사회구성원에 대한 배려이며 존중이다. 양보와 이해가 더불어 사는 사회에 필요한 구성원들 간의 동의이자 가치관이라면 매너는 이를 구체화시켜 주는 수단이며 도구이다. 또한 현대 사회에서 매너는 능력의 일부분이자 성공적인 삶을 이끌어 나가는 중요한 인적 자원이기도 하다. 국제화・세계화라는 21세기의 시대적 조류와 정보통신 기술 및 교통수단의 발달은 외국문화와의 교류기회를 보다 증가시켰으며, 이에 따라 다양한 문화에 대한 이해를 근간으로 한 올바른 매너 수행의 필요성은 더욱 부각되고 있다. 자문화권 안에서 오로지 나만의 문화만이 전부라는 태도를 고집하는 것으로는 세계화의 흐름에 발맞출 수 없다. 내 문화뿐만 아니라 타 문화에 대한 이해를 높이기 위해서도 노력해야 할 시점인 것이다. 우리의 문화에 대한 긍지와 자부심을 가지는 동시에 문화의 다양성과 각 문화의 차이 및 특성을 이해하고 존중하는 태도는 선진 시민으로 나아가는 데 있어 매우 중요하다.

매너에 어긋나는 행동은 대부분 올바른 매너에 대한 지식의 부족에서 기인하므로 상황에 따른 적절한 매너관련 지식을 습득하는 것은 매너 교육의 가장 기본이 된다. 일단 지식을 습득한 후에는 이를 생활 속에서 실천할 수 있도록 반복적인 훈련과 함께 매너 수행에 대한 긍정적 태도를 함양하여 올바른 매너 생활을 실천할 수 있어야 할 것이다. 매너에 대한 이해와 실천은 개인의 품위를 고양시키고 인격을 돋보이게 할 뿐만 아니라 상대방으로부터 신뢰를 얻고 국제무대에서의 대인관계 유지를 도와주는 중요한 방편이기도 하다.

2. 매너의 의미

인간의 삶에 있어 기본 도리에 대한 표현을 동양에서는 예절(禮節)이라고 하며, 서양에서는 에티켓이나 매너로 표현한다.

동양의 예절과 서양의 매너는 다른 사람을 배려한다는 정신을 기초로 하고 있으며, 이는 결과적으로 자신의 인간관계 및 삶의 발전을 가져올 것이다.

1) 동양의 매너

동양의 매너를 우리는 예절이라 표현하고 있다. 예절이라

함은 주로 자기 관리에 중점을 두고 있으며, 이는 결국 다른 사람을 배려하게 된다는 것이다. 이러한 예절은 인(仁), 의(義), 예(禮), 지(智), 신(信)의 유교 사상에 기초하여 이루어졌다.

예절이란 사람들이 일상생활을 영위하면서 약속해 놓은 생활방식인 예의범절(禮儀凡節)을 말한다. 예의(禮儀)는 상대방에게 갖추어야 할 말투나 행동을 의미하며, 범절(凡節)은 일상생활의 모든 일의 순서나 절차를 의미하는 것으로서 상대방의 인격을 존중하는 마음을 그에 적합한 형식으로 표현하는 행위이다. 또한 예절은 우주 천지 만물을 영원히 고르게 창조하고 발전시키고 있는 하늘의 도리를 내면적으로 따르고 저마다의 질서 속에서 자제하고 모두가 함께 조화되어 외형적 · 실천적으로 창조와 발전을 이룩하는 것이다. 이는 강제적 규범에 의해서 지켜지는 것이 아니라 마음에서 우러나오는 자율적인 행위이고 문화적인 작위이다.

한 사회가 유지 존속되기 위해서는 그 사회 내에서 상호간에 편리하고 합리적인 독특한 생활 방식을 나타내는 사회 규범인 문화가 있다. 이러한 생활문화의 한 요소가 예절과 법도이고 사회생활의 기본이며, 다른 문화 간에 발생되는 문화충격 및 문화적 갈등을 극복하는 수단이 될 수 있다.

2) 서양의 매너

서양에서 매너를 사회적으로 중요한 개념으로 받아들이기 시작한 것은 르네상스 시대였으며, 르네상스 시대의 위대한 휴머니스트인 에라스무스(Erasmus)에 의해서 사회적으로 확산되었는데 당시에는 귀족들과 관련된 양식으로 궁중에서 지켜야 할 매너였다. 특히 문화의 나라이며, 매너가 좋은 나라인 프랑스에서는 귀족계층뿐 아니라 중산층 역시 매너를 학습하여 사용하였다. 귀족계층은 중산층과의 차별화를 위해 더욱 엄격한 매너를 발전시켰고 중산층은 귀족계층의 일원으로 대우받기 위해 이를 그대로 모방하였다. 이러한 상황 속에서 프랑스의 매너는 상당히 발달하였고 이로 인해 18세기 이전 프랑스의 교양과 문화에 대해 유럽의 다른 국가들은 경외감을 갖게 되었다.

서양에서는 매너의 중요성이 대두되면서 매너는 필수적인 것으로 요구되어 가정, 학교, 기타 교육기관 등에서 상당히 중요한 과목으로 교육되고 있다. 한편 우리나라의 경우도 현대에 이르러 많은 사람들이 매너 교육의 필요성을 상당히 높게 인식하고 있다. 따라서 올바른 매너의 수행은 단시간 내의 지식의 축적으로 이루어지는 것이 아니며, 어린 시절부터 성인이 되어서까지 지속적인 이론과 실천의 병행을 통한 매너 교육으로 이루어질 수 있다.

매너와 관련된 용어는 politeness, courtesy, ceremonial, rite,

custom, manners, etiquette 등으로 다양하게 불리어지고 있지만 그 중에서도 정신적이면서도 실천적인 면을 함께 포괄적으로 포함하고 있는 매너(manners)라는 용어를 주로 사용하고 있다.

매너의 어원을 보면 라틴어의 마누아리우스(manuarius)에서 파생된 것으로 손을 의미하는 용어인 마누스(manus)와 방법이나 방식을 뜻하는 아리우스(arius)의 합성어로 이루어진 용어이다. 즉 매너란 인간의 행동방식을 의미하는 용어로 볼 수 있다. 때로는 매너(manners)와 에티켓(etiquette)을 혼용해서 쓰기도 하는데 매너와 에티켓은 모두 상대방을 배려하고 존중하는 것을 기본으로 하고 있다. 하지만 엄격히 구분히자면 에티켓은 반드시 지켜야 하는 규범 및 규칙을 의미하며, 이에 반해 매너는 세련되고 품위 있는 방식으로 행동하는가를 의미한다.

서양의 매너는 상대방을 배려하는 마음과 공동체적 생활의식에 근거한 건전한 시민 정신으로부터 출발되었다.

매너의 기본적 의미는 타인 배려와 형평성의 두 가지로 볼 수 있다.

① 타인 배려

현대의 개인주의와 이기주의의 팽배는 인간사회를 '나'만 중시하는 사회로 변모시켰다. 이에 따라 상대방을 배려하는 자세는 더욱 중요해졌다. 즉 남이 나에게 배려해 주기를 원하는 것처럼 나도 상대방을 배려해야 한다. 즉 상대방을 곤경에 처하지 않도록 해야 하는 것이다.

② 형평성

모든 일에 있어 형평성을 중시한다. 인간은 누구나 동등한 권리를 가진 인격체로 존중하고 대접받아야 한다. 특정의 인물이 부당한 대우를 받거나 부당한 위치에 놓여서는 안 된다.

매너는 상대방의 입장을 고려해서 이해하고 배려해 주는 마음과 인격체로서의 인간에 대한 존중이라는 기본적 의미가 기초하고 있으며, 이에 대한 행동이 수행되어져야 할 것이다.

CHECK

1. 글로벌 시대에 매너의 필요성에 대해 생각해 보시오.
2. 동양의 예절과 서양의 매너와의 공통점과 차이점을 설명해 보시오.
3. 매너를 올바르게 수행하기 위한 방안을 제시해 보시오.

2장

인사와 소개 매너

1. 올바른 자세

2. 인사의 종류와 방법

3. 소개 매너

4. 명함 사용 매너

1. 올바른 자세

1) 서 있는 자세

▪ 먼저 등과 허리, 그리고 가슴을 편다.

▪ 시선은 앞을 똑바로 쳐다보며, 턱은 당기고, 입은 다문다. 아울러 얼굴 전체에는 미소를 지어 부드러운 인상을 만든다.

▪ 어깨는 너무 힘을 주면 경직되어 보이므로 힘을 빼고 편안하게 내린다.

▪ 손은 남녀 모두 맞잡고 있어도 되지만 남성의 경우는 두

그림 2-1
서 있는 자세

손을 바지 옆선에 닿도록 내려도 된다. 이 경우 손은 가볍게 주먹을 쥐도록 한다.

- 두 발의 발꿈치는 붙이고 앞은 30° 정도 벌리고 서도록 한다.

2) 앉은 자세

(1) 의자에 앉는 경우

- 등은 곧게 펴고 앉는다. 너무 의자 뒤로 기대앉으면 거만해 보일 수 있으므로 주의하도록 한다. 또한 너무 앞으로 몸을 움츠리고 앉는 것도 보기 좋지 않으므로 주의하도록 한다.
- 시선은 정면을 똑바로 쳐다보며, 미소를 짓는다.

그림 2-2 의자에 앉은 자세

▪ 남성의 경우 무릎은 자연스럽게 붙이고 앉으며, 여성의 경우 무릎은 붙이고 두 발을 오른쪽으로 약간 기울인다.

▪ 남성은 손을 살짝 주먹을 쥐어 무릎 위에 똑바로 올린다. 여성은 손을 모아 오른쪽 무릎 위에 올려놓는다. 특히 여성은 스커트를 입었을 경우 손으로 스커트 자락을 지그시 누르고 앉아 있어야 한다.

▪ 의자의 왼쪽으로 들어가 앉으며, 나올 때도 왼쪽으로 나오도록 한다.

(2) 바닥에 앉는 경우

▪ 얼굴에는 미소를 짓고 턱은 자연스럽게 당기도록 하며, 시선은 자연스럽게 앞을 보도록 한다.

▪ 남성은 두 손을 모아 무릎의 가운데에 올려놓고 여성은 오른쪽 무릎 위에 올려놓는다.

그림 2-3 바닥에 앉은 자세

▪ 남성은 책상다리로 앉으며, 여성은 한쪽으로 다리를 비스듬하게 모아 앉는다.

2. 인사의 종류와 방법

인사는 인간관계의 시작으로 상대방에 대한 존경 및 친절의 표현이며, 또한 자신의 신뢰감을 높이는 것이다. 따라서 인사를 소홀히 해서는 안 되며, T · P · O에 따라 정중하고 적절하게 하여야 한다.

1) 공 수

▪ 공수는 절을 하기 위한 기본자세이다.

▪ 공수란 올바르게 서 있는 자세에서 두 손을 앞으로 모아 잡는 것을 의미하며, 이는 공손한 자세를 나타내는 것이다.

▪ 공수 시 손의 위치가 경사와 흉사, 그리고 성별에 따라 달라진다. 만일 공수 시 손의 위치를 정확히 알지 못하고 인사를 하게 된다면 상대방에게 대단히 큰 결례를 할 수 있다.

▪ 남성의 경우 경사 시에는 왼손이 오른손의 위로 가며(男左手上) 흉사 시에는 오른손이 왼손의 위로 간다(男右手上).

▪ 여성의 경우 경사 시에는 오른손이 왼손의 위로 가며(女右手上), 흉사 시에는 왼손이 오른손의 위로 간다(女左手上).

그림 2-4 공수 시 손의 위치

2) 절

우리나라 고유의 인사방법인 절은 주로 수직적 의미에서 신체의 일부분을 굽혀 몸을 낮추는 인사법으로 상대방을 공경한다는 표현이다. 절의 종류로는 큰절, 평절, 반절이 있다.

(1) 큰 절

- 큰절은 주로 혼인식, 폐백, 제사, 회갑, 고희연, 문상 시 영전에 하는 절로 정중하고 엄숙한 자세로 경의를 표한다.
- 의식 행사에는 남자는 2번, 여자는 4번 하는 것이 원칙이었으나 근래에는 여자도 2번 한다.
- 속도를 천천히 하여 절을 하도록 한다.

(2) 평 절

- 평절은 주로 윗사람에게 문안이나 세배를 할 때, 연배가 같거나 동료간 또는 문상 시 상주와 인사를 할 때 주로 한다.
- 세배를 할 때 새해 인사말은 절을 한 후 공수한 자세로 한다.
- 평절은 큰절보다 조금 빠르게 진행된다.

(3) 반 절

- 주로 평절을 받는 사람이 절하는 상대방을 존중해서 답배하는 절이다. 주로 연장자가 연소자의 절에 대한 답배 시 하도록 한다.
- 반절은 평절의 약식으로 한다.

표 2-1 절하는 순서와 방법

구분	남 성	여 성
평절	· 공수하고 선다. · 몸을 굽혀 공수한 손으로 땅을 짚고, 왼발을 먼저 꿇고 오른발도 꿇는다. · 머리를 숙여 절을 한다. · 머리를 들고 오른발을 먼저 일으킨다. · 공수한 손을 바닥에서 떼어 오른쪽 무릎 위에 올려놓는다. · 왼발을 세우며 일어선다. · 맞잡은 두 손을 올렸다 공손히 내린다.	· 공수하고 선다. · 공수한 손을 풀어 양옆으로 자연스럽게 내린다. · 왼발을 먼저 꿇고 오른발도 꿇어앉는다. · 두 손을 옆으로 한 후 바닥을 짚고 고개를 숙여 절을 한다. · 잠시 있다가 상체를 일으키며, 손을 바닥에서 뗀다. · 오른쪽 무릎을 먼저 세운다. · 왼쪽 무릎을 세워 일어난다. · 다시 공수한 상태로 선다.
큰절	남성의 큰절은 평절의 순서와 동일하나 주의할 점이 있다. · 평절보다 천천히 하도록 한다. · 머리를 숙여 손등에 살짝 닿은 후 평절보다는 오래 머무른다.	· 공수하고 선다. · 바로 선 자세에서 공수한 손을 눈높이로 올린다. · 손은 눈높이에 두고 한쪽 발을 뒤로 빼어 꿇어앉는다. · 상체를 깊숙이 숙여 절을 한다. · 잠시 머물렀다가 상체를 일으킨다. · 오른쪽 무릎을 먼저 세운다. · 왼쪽 무릎을 세워 일어난다. · 눈높이로 올렸던 공수한 손은 다시 원상태로 내린다.

3) 목 례

▪ 목례(bow)는 금방 만났던 사람을 다시 만났을 경우나 동일한 사람을 하루에도 빈번하게 만날 경우, 상대방이 무거운 짐을 가지고 있을 때, 또는 업무가 바쁜 경우, 엘리베이터나 화장실 등의 협소한 장소에서 만날 경우에 한다.

▪ 5° 정도 고개를 숙이는 가장 가벼운 인사이다. 하지만 고개를 까딱하는 식의 목례는 바람직하지 않다.

▪ 목례를 할 때는 인사말 없이 부드럽게 미소만 짓는다.

4) 경 례

경례의 기본 매너를 보면 다음과 같다.

▪ 남자는 양쪽 손을 가볍게 주먹을 쥔 상태에서 바지 양쪽의 재봉선에 놓고 경례를 한다.

▪ 여자는 두 손을 가볍게 모아 공수한 상태에서 그대로 경례를 하도록 한다.

▪ 상대방의 눈을 보며 인사하며, 얼굴 표정은 밝게 한다.

▪ 때, 장소, 상황(T · P · O)에 맞는 인사를 한다.

▪ 경례 동작과 인사말을 함께 해서는 안 되며, 경례를 한 후 인사말을 하도록 한다. 인사말을 할 때는 힘차고 밝은 목소리로 한다.

경례의 종류별로 인사하는 방법을 알아보도록 한다.

(1) 반경례

- 주로 인사에 답례할 때 연장자가 연하자에게 한다.
- 상체를 15° 정도 굽혀서 하는 인사이다.

(2) 평경례

- 평상 시 일상생활에서 가장 많이 하는 인사 방법이다.
- 상체를 30° 정도 굽혀 인사한다.

(3) 큰경례(정중례)

- 가장 정중한 인사로 감사 또는 사과할 때, 연장자나 상사, 손님에게 경의를 표시할 때 하는 인사이다.
- 상체를 45° 정도 굽혀 인사하며, 평경례보다 천천히 한다.

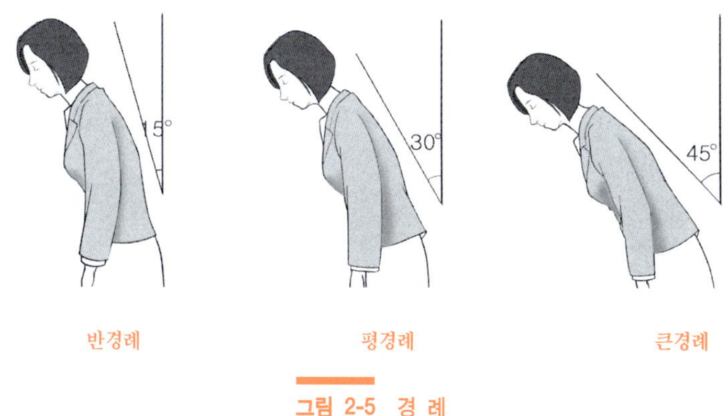

그림 2-5 경 례

5) 악 수

악수(shake hands)는 세계 공통의 인사이며 서로 대등한 입장에서 나누는 인사법 중 하나이다. 따라서 일상생활에서 자주 쓰이는 인사 방법이므로 올바른 악수 방법을 알고 매너 있게 인사를 해야 한다.

- 악수는 오른손으로 하며, 상대방이 악수를 청했을 때 오른손에 짐이나 물건을 들고 있는 경우라면 빨리 왼손으로 옮기고 오른손으로 악수하도록 한다.
- 왼손은 가볍게 주먹을 쥔 상태에서 바지의 옆선에 닿도록 한다. 왼손을 주머니에 넣거나 뒷짐을 지는 등의 행동은 삼간다.
- 손에 땀이 많이 나 있는 경우는 상대방이 불쾌해 할 수 있으므로 주의한다.
- 악수를 할 때 손을 너무 세게 잡거나 오랫동안 잡지 않도록 한다. 또한 손을 너무 느슨하게 쥐는 것도 상대에 대한 실례이다.
- 손을 맞잡고 3~4번 정도 가볍게 흔든다.
- 서양에서는 흉사 시에는 절대 악수를 하지 않는다.
- 악수 시에는 장갑은 벗도록 하며, 특히 방한용이나 작업용 장갑은 반드시 벗고 악수한다. 하지만 장식용 장갑 등은 굳이 벗지 않아도 무방하다.
- 악수를 할 경우 고개를 숙이며, 굽실거리는 경우가 있는데 이는 상당히 비굴하게 보이므로 주의하도록 한다. 하지만 우리

나라에서 윗사람과 악수를 할 경우는 상체를 약간 숙이는 정도는 윗사람을 공경하는 의미로 받아들여질 수 있다.

- 악수를 청하는 순서는 연장자나 상급자가 하급자나 연소자에게 먼저 청하며, 여성이 남성에게, 선배가 후배에게, 기혼자가 미혼자에게 청한다. 단 국가원수, 성직자 등은 예외로 한다.

6) 포옹 및 입맞춤

포옹이나 입맞춤 등의 인사 방법은 문화권에 따라 사용여부가 다르다. 그러므로 각각의 나라마다 허용되는 인사 방법인지를 정확히 알고 이용해야 결례가 되지 않을 것이며, 잘 보르는 상태에서 무분별한 인사는 간혹 큰 오해의 소지가 될 수 있으므로 주의하도록 한다.

(1) 포옹(embrace)

- 포옹은 러시아와 라틴아메리카 계에서 주로 볼 수 있으며, 반가움과 친밀감을 표현하는 인사 방법이다.
- 라틴계에서는 가까운 친지와 친구를 만나면 볼에 입맞춤을 하고 포옹을 한다.
- 남미의 우루과이, 파라과이에서는 상대방의 등을 토닥이며 포옹하는 아부라조(abrazo)를 한다.
- 동양인, 북미, 북유럽 등의 나라에서는 포옹은 되도록 하지 않는다.

(2) 입맞춤(kiss)

- 입맞춤은 구미에서 널리 퍼져 있는 인사방법이다.
- 동성뿐 아니라 이성끼리 우정의 뜻으로 얼굴이나 뺨에 하거나(osculum) 애정의 표현으로 얼굴에 하거나(baisum), 입술에 한다(sauvium).
- 현재 이집트에서는 공공장소에서의 입맞춤은 금기시 되고, 러시아에서는 장소에 관계없이 포옹과 입맞춤을 할 수 있다. 프랑스에서는 동성끼리의 입맞춤은 오해를 받을 수 있다.

3. 소개 매너

다양한 인간관계 속에서 우리는 끊임없이 새로운 사람을 만나게 된다. 타인과의 만남에서 첫인상은 기억 속에 오래 간직하게 된다.

첫 만남에서 서로 소개가 어떻게 이루어지느냐에 따라 상대에 대한 인상이 달라질 수 있으므로 소개 방법에 대해 잘 알고 행동한다면 사교생활 및 대인관계에 도움이 될 것이다.

1) 자신의 소개

자기 자신을 소개할 때 지켜야 할 사항은 다음과 같다.

- 자신 있고 당당하며, 정확하게 자신을 소개하도록 한다.
- 상대방과 시선을 마주치며 소개한다.
- 자신을 직접 소개할 경우는 Mr., Miss., Mrs. 등의 경칭은 붙이지 말고 자신의 성과 이름을 말하도록 한다.
- 자신의 지위를 밝히지 않는다.

2) 타인의 소개

제3자가 다른 두 사람을 소개할 경우 소개 방법을 정확히 알고 매너 있게 소개하도록 한다.

- 지위가 낮은 사람을 높은 사람에게, 그리고 연소자를 연장자에게 먼저 소개한다.
- 남녀간의 소개는 남성을 먼저 여성에게 소개한다. 하지만 남성이 사회적 지위가 높거나 성직자인 경우는 여성 먼저 소개한다.
- 미혼인 경우는 기혼자에게 먼저 소개한다.
- 가족의 소개는 지위, 성별, 연령 모두를 무시하고 자신의 가족을 먼저 외부인에게 소개한다.
- 한 사람과 여러 사람일 경우에는 먼저 한 사람을 여러 사람에게 소개한 후 그 다음에 여러 사람을 한 사람에게 소개

한다.

- 사회적 지위나 연령이 비슷한 여러 사람의 소개는 그 모임의 리더가 좌측에서부터 차례로 소개한다.
- 방문자는 방문 받는 주인에게 먼저 자신의 소개를 한다.
- 리셉션장에서는 주빈에게 모든 손님을 소개하고 나중에 도착한 손님은 안주인이 주빈이 있는 곳으로 안내하며, 소개시킨 후 나머지 손님에게 소개시켜 준다.
- 직장 내에서는 하급자를 상급자에게 소개시켜 준다. 만일 하급자가 상급자보다 연령이 높더라도 직장에서는 직급이 우선이므로 연장자인 하급자를 연하자인 상급자에게 먼저 소개시키는 것이 원칙이다.

소개 시의 기본적으로 유의해야 할 사항을 보면 다음과 같다.

- 소개를 받으면 상대방의 이름은 주의해서 듣고 정확히 외우도록 한다. 대화 도중 이름을 잊어버려서 곤란한 경우가 있어서는 안 된다.
- 소개 시에는 모두 일어서서 하는 것이 기본이다.
- 연소자가 연장자에게 소개되었을 때에는 연장자인 상대방이 악수를 청하기 전에 먼저 악수를 청해서는 안 된다.
- 연장자가 악수 대신 간단한 인사를 하면 연소자도 이에 따른다.
- 외국인 부부를 소개 받을 경우, 동성 간에는 악수를 하고 이성 간에는 간단한 목례로 대신한다.

▪ 우리나라 사람들은 처음 소개 시 명함을 교환하는데 반해 서양의 경우는 비즈니스를 위한 만남의 경우가 아니라면 처음부터 명함을 주고받는 것은 실례되는 행동이다.

4. 명함 사용 매너

오늘날 많은 사람들이 자신에 대해 알리는 방법으로 다양하고 독특한 명함을 제작하여 사용하고 있다. 하지만 명함 세삭 및 사용에도 매너가 있으므로 잘못 알고 사용한다면 좋지 못한 인상을 남기게 될 것이다. 따라서 명함 제작부터 사용 방법까지 올바로 알아두는 것이 필요하다.

1) 명함의 표기 방법

우리나라의 경우는 보통 한 종류의 명함만을 제작하여 사교나 업무의 용도에 모두 이용하는 경우가 대부분이다. 하지만 서양에서는 명함 사용의 목적에 따라 다르게 제작하여 사용하고 있다.

(1) 사교용 명함

▪ 사교용 명함은 주로 이름만을 기입하며, 만일 전화번호, 이메일 주소를 넣을 때는 우측 하단에 작은 글씨로 넣는다. 주로 필기체를 이용하여 제작한다.

▪ 외국에서는 사교적 만남에서 주는 경우보다는 주로 평소에 알고 지내던 지인에게 선물 등을 보내거나 축하, 조의 등의 메시지 카드로 이용한다.

(2) 업무용 명함

▪ 업무상 교환하는 명함은 성명, 주소, 전화번호, 직장, 직함 등을 기입한다.

▪ 주로 인쇄체를 이용하여 제작한다.

▪ 업무용 명함에는 사장이나 중역용 명함과 일반사원용 명함이 있다.

2) 명함 사용의 기본 매너

명함 사용에 대한 매너를 알고 사용한다면 대인관계 및 비즈니스에 도움을 줄 것이다.

▪ 자신을 상대방에게 처음 소개할 때 명함을 주면서 인사하도록 한다. 하지만 서양의 경우 사교적인 만남에서는 초면에 상대방에게 명함을 주어서는 안 되며, 업무상일 경우에만 초면이라도 명함을 준다.

- 명함은 아랫사람이 연장자나 상급자에게 먼저 준다.
- 명함을 한 번에 여러 명에게 줄 때는 가장 연장자나 상급자부터 준다.
- 명함은 상대방이 읽기 편하도록 이름이 상대방 쪽으로 향하게 준다.
- 상대방에게서 명함을 받을 때는 오른손으로 받으며, 왼손은 가볍게 오른손을 받친다.
- 상대방의 명함을 받았을 경우 만일 모르는 글자가 있다면 정중하게 질문해야 하며, 잘 모르는 상태에서 대충 불러서는 안 된다.
- 상대방의 명함은 소중하게 간직하도록 한다. 만일 명함을 구기거나 명함에 낙서를 하는 행동은 삼간다.
- 상대방 명함을 받으면 명함 지갑에 소중하게 보관하도록 한다.
- 명함을 정리·보관해서 이용하는 것은 특히 성공적인 인간관계나 비즈니스를 위해 중요하다.

CHECK

1. 바르게 서고 앉는 훈련을 해보시오.
2. T · P · O에 적합한 인사와 절의 종류를 알고 실습해 보시오.
3. 악수하는 방법을 연습해 보시오.
4. 자신의 소개를 많은 사람 앞에서 해보시오.
5. 제3자로서 다른 두 사람을 소개하는 순서 및 방법을 훈련해 보시오.
6. 자신의 명함 제작을 해보시오.

3장

커뮤니케이션 매너

1. 커뮤니케이션의 요소
2. 언어적 · 비언어적 커뮤니케이션 매너
3. 호칭 매너
4. 전화 매너

1. 커뮤니케이션의 요소

커뮤니케이션의 요소에는 언어적 요소와 비언어적 요소가 함께 포함되는데 간혹 의사소통의 송신자 역할이 잘못되거나 메시지를 전달 받는 수신자의 역할을 제대로 수행하지 못하므로 인해 의사소통의 장애를 경험하는 경우가 종종 있다. 또한 국제화 시대에 살면서 문화 차이로 인하여 똑같은 언어적·비언어적 표현이라도 달리 해석되어 상대방에게 실례되는 표현을 하는 경우가 있다. 따라서 의사소통 시 같은 문화권의 사람이라도 송신자와 수신자의 역할 습득을 통해 원만한 의사소통이 이루어지도록 하며, 특히 외국인과의 의사소통에서는 상대방 문화를 이해하고 의사소통이 이루어질 수 있도록 배려해야 한다.

커뮤니케이션은 송신자, 수신자, 메시지, 피드백 등의 요소를 통해 이루어진다.[18)53)62)]

1) 송신자

- 송신자라 함은 자신이 가지고 있는 감정, 의지, 지식 등의 내용에 대해 전달하는 사람을 의미한다. 따라서 송신자는 전달할 내용을 부호화 시켜 메시지를 상대방에게 전달하게 된다.
- 송신자는 자신이 전달할 내용을 먼저 파악하여야 한다.

3장

그런 후에 상대방이 메시지 내용을 알 수 있도록 상대방과 공통적으로 알 수 있는 언어적 · 비언어적 커뮤니케이션 방법을 통해 정확하고 구체적인 표현이 이루어지도록 한다.

2) 수신자

- 수신자는 송신자가 보낸 메시지를 받는 상대방을 의미한다.
- 수신자의 가장 중요한 역할은 송신자가 보낸 메시지를 정확히 받아들이고 반응하면서 아울러 전달 받은 메시지를 곧바로 이용할 수 있는 형태로 전환하는 해독자의 역할이다.
- 수신자의 해독 능력은 지각수준뿐 아니라 그 외에 수신자의 가치관이나 태도, 경험, 송신자의 태도, 주변 환경 등 다양한 요소에 의해 영향을 받게 된다.
- 수신자는 항상 메시지 내용을 정확히 파악할 수 있는 해독 능력을 함양해야 할 것이다.

3) 메시지

- 커뮤니케이션 과정에서 중요한 핵심요소인 메시지는 송신자의 생각을 부호화하면서 수신자에게 전달되는 것이다. 이 경우 부호는 송신자와 수신자의 오랜 경험과 동의에 의해서만 의미가 있다. 서로 간에 잘 알아듣지 못하는 부호는 실제적으로 의미가 없다.

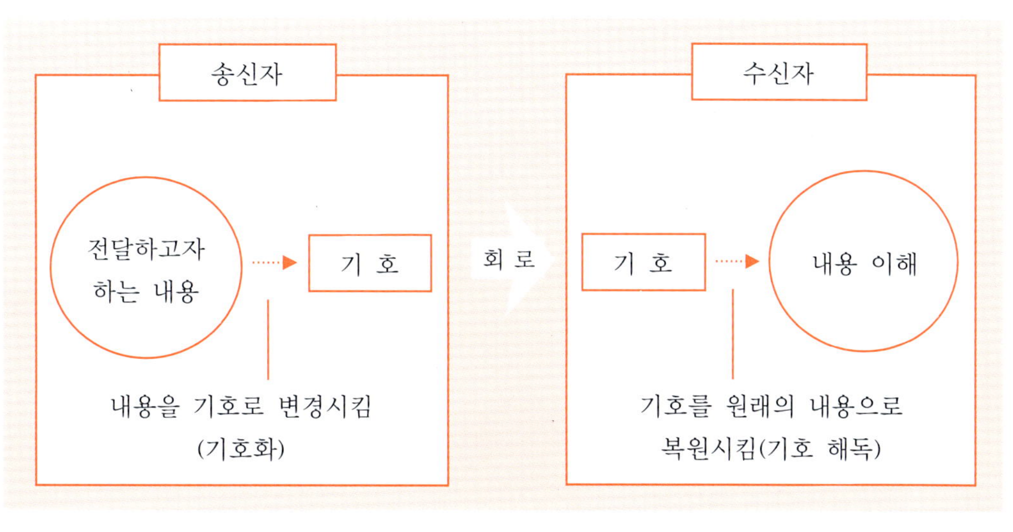

그림 3-1 의사소통의 순환[18)]

4) 피드백

▪ 피드백은 송신자가 전달한 메시지에 대해서 수신자가 어떻게 이해하고 받아들였는지를 파악할 수 있는 정보로서 수신자가 어떻게 반응하는지를 살펴보면서 파악할 수 있다.

5) 방 해

▪ 커뮤니케이션 과정이 원활하게 돌아가지 못하게 하기도 하고 간혹은 정지되는 것을 방해, 장애라 한다.

▪ 방해는 커뮤니케이션의 어떤 한 과정에서만 발생하는 것이 아니라 전체 과정에서 발생할 수 있다. 특히 송신자와 수신자

간에 신뢰가 없거나 불신감이 높을 경우, 또는 송신자가 자신이 보내는 메시지 내용을 정확하게 파악하지 않은 상태에서 보내거나 수신자 또한 메시지에 대한 정확한 해독 능력을 갖추고 있지 못할 경우 방해가 발생된다.

2. 언어적·비언어적 커뮤니케이션 매너

일상생활에서의 커뮤니케이션 과정이 원활하게 이루어지기 위해서는 먼저 자기 자신이 다른 사람들을 이해하고 상대방에게 자신을 이해시키는 과정으로서 정확한 언어적 · 비언어적 표현 방법으로 명확한 의미의 전달을 해야 한다.

1) 언어적 커뮤니케이션 매너

(1) 언어적 커뮤니케이션의 기본 매너

① 말을 할 때의 매너

- 상대방과 시선을 접촉하면서 상냥하게 이야기한다.
- 속어, 비속어, 유행어 등은 자제하며, 되도록 품위 있는 언어를 선별하여 사용해야 한다.

- 연장자, 상급자 등 경어를 사용해야 할 상대방에게 경어를 제대로 사용하지 못한다면 상대방을 상당히 불쾌하게 할 수 있으므로 잘 알고 사용하도록 한다.
- 상대방에 맞는 적합한 경어를 사용하도록 한다.
- 경어를 쓰지 않는 것뿐 아니라 지나친 경어 사용도 오히려 상대방에게 실례가 될 수 있으므로 주의하도록 한다.
- 상대방이 알아들을 수 있게 음성 크기를 조절하고 발음을 정확하게 한다.
- 부탁의 말을 할 때는 앞부분에 "죄송하지만……", "어려우시겠지만……" 등의 말(큐션의 말)을 붙여 상대방에게 더 부드럽고 정중하게 느껴지도록 한다.
- 전문용어나 외국어 등을 함부로 사용하지 않는다.
- 말을 할 때는 되도록 의뢰형이나 권유형 화법을 사용하도록 한다.
- 상대방에게 빈정대는 투의 말을 하거나 다른 사람과 비교하는 말은 삼간다.
- 같은 내용을 계속 반복해서 이야기하는 것은 피한다.

② 말을 들을 때의 매너

- 상대방의 말을 들을 때는 시선을 접촉하면서 우호적인 분위기로 끝까지 경청하도록 한다.
- 말하는 도중 상대방의 말에 대해 긍정한다는 식의 호응을 해준다. 이는 서로 친밀한 관계를 형성하는 데 도움을 준다.

표 3-1 높임법을 잘못 사용한 예

구　분	잘못 사용	바르게 사용
지나치게 높여 자연스럽지 못함	보여 주실 수 있으시죠?	보여 줄 수 있으시죠?
	즐거운 시간 보내시고 계신 걸로 믿고 있습니다.	즐거운 시간 보내고 계실 줄 믿습니다.
	문제가 계신 분	문제가 있는 분
높이지 않아야 할 대상을 높임	너무 많으신 분들이	너무 많은 분들이
	여기 보이시는 것이	여기 보이는 것이
높여야 할 주어와 존대어가 일치하지 않아 자신을 높이는 경우	저에게 여쭈어 보는 사람이 있어요.	저에게 물어 보는 분이 있어요.
	제가 아시는 분	제가 아는 분
	제가 몸소 들어가 보겠습니다.	제가 직접 들어가 보겠습니다.

*출처: 박찬옥 · 조희진(2001), 언어예절에서 경어 사용에 관한 연구, 『한국여성교양학회지』 제8집, p.172.

- 상대방이 말하는 도중에 끼어들어 상대방의 말을 중단시키지 않는다.
- 지루하다고 해서 몸을 비틀거나 턱을 고이거나 하품을 하는 등 피곤함을 보여서는 안 된다.

(2) 대화 매너

다음과 같은 대화 매너를 알고 대화에 임한다면 원활한 커뮤니케이션이 이루어질 것이다.

- 대화의 시작은 종교, 정치, 자신만의 전문 분야 등 너무 사적이거나 예민한 내용으로 시작해서는 안 되며, 가능하면 인사말, 칭찬, 날씨 등의 가벼운 말로 시작한다.
- 상대의 결점에 대한 모욕적인 말이나 비난은 피하며, 상대방의 장점이나 공로를 칭찬해 준다.
- 상대방에 대한 칭찬은 대화의 분위기를 더욱 좋게 할 수 있다. 하지만 칭찬도 상황에 맞도록 요령 있게 해야 한다.
- 상대방을 높여주기 위하여 자신을 지나치게 비하하는 것은 도리어 실례가 된다.
- 다른 사람을 비방하는 말은 되도록 하지 않는다.
- 연령, 가족상황, 건강상태, 신체사이즈, 재산 등 상대의 신상에 관한 것은 상세히 묻지 않는다. 특히 처음 만난 여성에게는 연령이나 결혼 여부를 묻지 않는다.
- 유머나 위트를 적절히 이용하면 대화의 분위기를 긍정적으로 고조시킬 수 있으나 지나친 농담은 상대방의 기분을 언짢게 할 수 있으므로 주의한다.
- 질문을 한 후 상대방이 대답할 수 있는 적정한 시간을 배려하도록 한다.
- 1·2·3 기법을 이용한다. 즉 1번 말하고 2번 듣고 3번 이상 호응을 하라는 의미로 자신의 말보다 2배 이상 상대방의 말을 경청하라는 것이다.
- 대화 도중 팔짱을 끼거나 다리를 포개서 앉지 않는다.
- 대화를 할 경우는 불필요한 신체 접촉은 하지 않는다.

▪ 적당한 시선 접촉은 커뮤니케이션을 더욱 원만하게 할 수 있다. 하지만 시선 처리를 잘못하면 상대방이 오해할 수도 있으므로 주의한다.

칭찬의 기술

· 마음에도 없는 가식적인 칭찬은 하지 말아야 한다.
· 외적인 것만을 칭찬하지 말고 내적인 면을 칭찬할 수 있도록 한다.
· 상대방의 결점은 칭찬하지 말아야 한다.
· 칭찬해야 할 상황이면 곧바로 칭찬하도록 한다.
· 사소한 것을 칭찬하며, 되도록 구체적으로 한다.
· 의도적이지 않아야 한다.

*출처: 주영애 · 김선주 · 박상욱 · 정병안(2006), 『매너와 이미지 메이킹』, 북카페, p.96.

2) 비언어적 커뮤니케이션 매너

언어적 커뮤니케이션 외에도 비언어적 표현 방법인 보디랭귀지, 시선 접촉, 제스처, 얼굴표정, 스킨십, 거리 두기 등이 있으며, 이와 같은 비언어적 표현은 언어적 표현의 대체 역할 및 보조 역할을 하면서 커뮤니케이션이 이루어진다. 하지만 간혹 비언어적 표현을 잘못 사용하거나 해독하므로 인해 의사소통에 장애가 되는 경우도 있으므로 주의한다. 특히 동일한

표 3-2 국가별 비언어적 표현에 따른 의미의 차이

비언어적 표현 방법	국가 또는 문화	의 미
윙크	유럽, 미국	농담이니 믿지 마라 혹은 몰래 만나자
	인도	모욕적인 것
동그랗게 뜬 눈	중국	노여움
	프랑스	거절
고개를 앞으로 끄덕이면	불가리아, 그리스, 유고슬라비아	아니오
	한국, 미국	예
귀를 움켜쥐면	인도	사과의 표시
	브라질	음식을 잘 먹었다
엄지와 검지로 둥근 원을 만들면	한국, 미국	OK
	독일, 러시아, 브라질, 스페인	저속한 표현
엄지손가락을 위로 하면	일본	돈
	한국	최고
	미국, 러시아, 중동	매우 외설적인 표현
검지와 중지로 V자를 만들면	유럽, 캐나다	승리(하지만 손바닥을 자기 쪽으로 향하게 하여 V자를 만들면 영국, 네덜란드에서는 외설적이고 모욕적인 표현임)

*출처: 김득중 외(1999), 『국제생활과 예절』, 교문사.

비언어적 표현일지라도 문화나 나라에 따라 다른 의미로 해석될 수 있으므로 국제화 사회에서 살고 있는 우리는 그 의미를 명확히 알고 사용해야 한다.

3. 호칭 매너

자신과 상대방의 연령, 대화상황에 맞는 호칭을 정확하게 구사한다면 원만한 인간관계 유지 및 사교활동에 도움이 된다.

1) 한국의 호칭 매너

우리나라의 호칭은 상당히 다양하므로 주의사항을 정확히 알고 사용하도록 한다.

- 호칭이란 어떤 사람을 직접 부르는 말을 의미한다.
- 연장자, 상급자 등에게는 이름을 부르지 않는다. 특히 상급자나 지위가 높은 경우는 직함을 부르도록 한다.
- 우리나라 여성은 결혼을 해도 미혼 때와 똑같은 이름을 사용한다.
- 가족이나 친족관계 속에서 서로 간에 부르는 호칭이 매우 다양하므로 잘 알고 부르도록 한다.

표 3-3 가족, 친척, 사돈에 대한 호칭

대 상	호 칭
부모	아버지, 어머니 (자신의 부모) 아버님, 어머님 (남편의 부모)
며느리	애 · 며느리 · 너 어미 (자녀를 둔 며느리)
사위	○서방, 자네
시댁가족	아주버님(남편의 형) 형님(남편의 형수나 누님) 도련님(남편의 장가 안 간 남동생) 서방님(남편의 장가간 남동생) 동서, 자네(남편 남동생의 아내) 작은아씨(남편의 시집 안 간 손아래 여동생) ○서방댁(남편의 시집간 손아래 여동생) ○서방님(시누이의 남편)
처가가족	장인어른, 장모님(아내의 부모) 처남(아내의 남자형제) 처제(아내의 여동생) 처형(아내의 언니) 처남댁, ○○어머님(처남의 아내)
형제, 자매의 배우자	형수님(형의 아내) 제수씨(동생의 아내) 언니(오빠의 아내)

3장

대 상	호 칭
형제, 자매의 배우자	올케, 자네(여자형제가 남동생의 아내를 부를 때)
	매부, 자형, 매형(누나의 남편)
	○서방, 자네, 매제(누이동생의 남편을 부를 때)
	형부(언니의 남편)
	○서방(여동생의 남편)
사돈	사장어른(윗세대 사돈 남녀)
	사돈(같은 세대의 동성 사돈)
	사돈어른(같은 세대의 이성 사돈, 10살 이상 연상인 동성 사돈
	사돈양반(아랫세대의 기혼 이성인 사돈)
	사돈도령, 사돈총각(미혼 남자인 사돈)
	사돈처녀, 사돈아가씨(미혼 여성인 사돈)

*출처: 김득중(1997), 『실천예절개론』, 교문사, pp.151-156.

2) 서양의 호칭 매너

▪ 한국인들에 비해 서양인은 상대방의 이름을 부르는 경우가 많다. 하지만 서양이라도 처음 만난 사람의 경우 무조건 이름부터 불러서는 안 되며, 몇 번 만난 후 상대방이 자신의 이름을 불러도 괜찮다는 이야기를 하면, 그때서야 비로소 상대방의 이름을 부른다.

▪ 동료나 그와 같은 대등한 위치의 사람에게는 이름을 부른다.

▪ 서양인의 이름 구성은 퍼스트네임(first name), 미들네임

(middle name), 라스트네임(last name, family name, surname)으로 되어 있다. 미국의 경우 일반적으로 대화 시에는 미들네임을 생략해서 부르거나 또는 퍼스트네임도 애칭(nickname)으로 부르기도 한다(Jennifer→Jenny). 글로 쓸 때에는 미들네임은 약자(initial)만 쓰기도 한다.

▪ 서양의 이름은 세습이 가능하다. 아들의 이름인 경우는 Junior를 붙이고, 손자의 이름 뒤에는 3rd, 사촌 이름을 받으면 2nd를 붙이며, 물려준 사람이 사망하면 이름에서 떼어낸다.

표 3-4 경 칭

경 칭	대 상	
Mister (약자 Mr.)	남성	결혼 여부와 관계없이 남자 이름 앞에 약자로 쓰임.
Master	남성	소년에 대해 사용하는 경칭. 도련님 혹은 아드님의 뜻임.
Sir	남성	남성에 대한 존칭어로 님, 각하, 선생 등의 표현임.
Mistress (약자 Mrs.)	여성	결혼한 부인의 이름 앞에 붙이는 경칭임. 서양에서는 Mrs. 뒤에 남편의 이름이 오게 됨.
Miss	여성	미혼여성의 이름 앞에 붙임.
Ms.	여성	사회활동을 하는 현대여성들 사이에 사용됨. 미혼, 기혼 구분 없이 사용됨.

* 출처: 호텔신라 서비스교육센터(2001), 『현대인을 위한 국제 매너』, 김영사, p.31.

- 여성은 결혼과 함께 남편의 풀네임(full name) 앞에 Mrs.를 붙이기도 하고, 자기 이름에 남편의 성(last name)을 붙여 부르기도 한다.
- 성별, 결혼 여부 등에 따라 붙이는 경칭이 다르므로 잘 알고 사용하도록 한다.

4. 전화 매너

현대의 중요한 커뮤니케이션의 수단으로 전화 및 휴대폰은 유용하게 사용되고 있다. 하지만 전화를 이용한 커뮤니케이션은 비대면적으로 이루어지며, 시간적 제약도 있으므로 상대의 상황을 정확하게 파악하는 데 곤란을 겪는다. 또한 공공장소에서의 무분별한 휴대폰 사용은 생각보다 심각성이 매우 크다. 따라서 전화 및 휴대폰 사용에 대한 매너를 정확히 알고 사용하도록 해야 한다.

1) 전화 걸 때의 매너

전화를 할 때의 기본 매너를 알아야 한다.

- 전화를 할 경우 사전에 용건에 대해 간단히 메모를 한

후 전화를 걸도록 한다.

▪ 상대방의 집으로 전화를 걸 경우는 일반적으로 너무 늦은 시간과 너무 이른 시간은 피하도록 한다. 보통 밤 10시 이후, 아침 9시 이전에는 삼가도록 하며, 피치 못해 걸 경우는 반드시 사정을 알리고 미안한 마음을 전하도록 한다.

▪ 상대방이 전화를 받으면 자신의 신분을 밝히고 인사는 간단히 한다. 자신을 소개할 때 자신의 직함을 강조하지 않는다.

▪ 상대방이 전화 받기에 알맞은 상황인지 점검한다. 장시간 전화 통화로 상대방의 사생활을 침해해서는 안 된다.

▪ 전화의 용건만을 간단히 말하며, 이때 결론을 먼저 말하고 설명을 시작한다.

▪ 음성은 낮추어서 주위에 방해를 주지 않는다.

▪ 전화를 끊을 때는 반드시 끝인사를 정확히 한다.

▪ 전화 통화 도중 갑자기 끊기면 전화를 건 사람이 다시 거는 것이 원칙이다. 하지만 자신의 잘못으로 전화가 끊어졌을 경우는 전화를 누가 걸었는지에 상관없이 먼저 전화를 해서 양해를 구한다.

▪ 전화를 건 사람이 먼저 끊는 것이 원칙이지만 상대방이 연장자, 상급자인 경우는 연장자, 상급자가 먼저 끊도록 하며, 상대방이 먼저 끊은 것을 확인한 후 수화기를 내려놓는다.

▪ 전화를 잘못 건 경우에는 정중히 사과한다.

▪ 외국으로 전화할 때 시차를 확인한 후 걸도록 한다.

▪ 콜렉트콜을 사용하여 상대방을 부담스럽게 하지 않도록 한다.

2) 전화 받을 때의 매너

전화는 다음과 같은 매너에 기초해서 받아야 상대방에게 실례되지 않는다.

- 전화기 옆에는 항상 메모지와 필기도구를 준비해 놓는다.
- 전화를 통해 자신의 감정이 전달될 수 있으므로 되도록 상냥하게 받도록 한다.
- 적어도 전화벨이 2번 정도 울릴 때까지는 받는 것이 적당하다. 전화를 기다리게 했을 때 반드시 "기다리게 해서 죄송합니다"라고 한다. 만일 오랜 시간 기다리게 할 경우는 끊고 다시 전화를 하겠다고 양해를 구한다.
- 어린 아이가 전화를 받는 것은 가능하면 자제시키도록 한다.
- 상대방이 누구인지를 확인한 후 인사한다. 만일 상대방이 신분을 밝히지 않을 경우 정확히 상대방을 확인한다.
- 다른 가족을 찾는 전화일 경우는 수화기를 막거나 대기 버튼을 눌러서 다른 소리가 들리지 않도록 한다.
- 찾는 사람이 부재중일 경우는 부재의 사유를 정확히 밝히며, 다시 전화를 걸 것인지, 아니면 이쪽에서 부재자가 돌아온 후 전화를 걸어야 하는지를 알아 두도록 한다. 또한 전화를 받은 사람은 전화 받은 시간, 전화 건 사람의 이름, 용건 등을 메모해 놓고 전해 주도록 한다.
- 숫자나 성명 등을 조회할 경우는 반드시 재차 불러주고

정확한지 확인한다.

▪ 전화상태가 좋지 않아 통화가 불가능할 경우는 상대방에게 끊고 다시 전화해 줄 것을 부탁하고 전화를 끊는다.

▪ 말의 속도를 조절한다. 너무 빨리 말을 하면 상대방이 알아듣기 어렵고 너무 천천히 하면 답답하고 불친절하다는 느낌을 준다. 또한 발음을 정확하게 한다.

▪ 마지막으로 끝인사를 한 후 수화기를 내려놓는다.

3장

3) 휴대폰 매너

휴대폰은 우리 생활에 많은 편리함을 제공해 주고 있다. 하지만 잘못 사용하면 다른 사람에게 많은 불쾌감을 줄 수 있으므로 주의하도록 한다.

▪ 휴대폰의 벨소리는 너무 크지 않도록 조절해 둔다.

▪ 공공장소에서의 휴대폰 사용은 되도록 자제한다.

▪ 병원, 주유소, 항공기에서는 휴대폰 사용은 절대로 하지 않는다.

▪ 도서관 등에서 휴대폰을 사용하거나 휴대폰의 벨소리를 내서 다른 사람에게 방해되지 않도록 한다.

▪ 강의실에서 수업시간에 휴대폰을 걸거나 또는 문자를 보내는 등의 행동은 절대 삼간다.

▪ 운전 시에 휴대폰을 사용하게 되면 사고의 확률이 높아지므로 사용하지 않도록 한다.

CHECK

1. 커뮤니케이션을 할 경우 송신자와 수신자의 역할에 대해 설명해 보시오.
2. 커뮤니케이션의 방해가 나타나는 경우는 언제인지를 알아보시오.
3. 상대방에게 적절한 호칭을 사용해 보시오.
4. 전화응대 매너를 연습해 보시오.

4장

복장 매너

1. 한 복

2. 서양 예복

3. 직장 및 방문복

인간의 욕구는 가장 기본적인 생리적 욕구뿐 아니라 사회적인 욕구 등 수많은 욕구가 있다. 따라서 복장을 갖추어 입는 것도 수많은 욕구를 충족하기 위한 것이다. 또한 자신이 현재 처해 있는 시간·장소·상황에 적합한 복장을 갖추어 입는 것이 중요하다.

1. 한 복

한복은 평면으로 재단하여 제작하므로 겉옷의 선을 아름답고 입체적으로 표현할 수 있도록 해야 한다. 따라서 한복 입는 방법을 정확히 알고 입도록 한다.

1) 남성 한복

- 남성 한복은 계절마다 옷감의 재질에 차이가 있다. 봄이나 가을에는 겹옷의 바지저고리 위에 조끼를 입으며, 여름에는 고의, 적삼 등의 홑옷을 입고 홑조끼를 입는다. 겨울에는 보온을 위해 누비옷이나 솜옷 등을 입고 조끼, 마고자를 입게 된다.
- 한복 입는 순서는 바지를 먼저 입고 버선(양말)을 신은 다음 대님을 맨다. 그 다음 저고리, 조끼, 마고자, 두루마기

순으로 입는다.

- 평상복은 바지, 저고리에 조끼, 마고자를 입는다.
- 과거에는 버선을 신었으나 최근에는 양말을 주로 신는다.
- 저고리는 입었을 때 뒤로 젖혀지지 않도록 약간 앞으로 숙여서 입어야 한다. 또한 조끼 아래로 저고리가 나오지 않도록 입어야 하며, 마고자를 입었을 때 저고리의 소매 끝이나 도련이 보이지 않아야 한다.
- 바지는 큰사폭이 오른쪽으로 가고 작은사폭이 왼쪽으로 가도록 입어야 한다.
- 외출할 때나 실내에서도 예를 갖추어야 할 때, 또는 의식행사가 있을 경우 두루마기를 반드시 입어야 한다. 만일 마고자만 입고 외출을 하거나 예를 갖추어야 하는 자리에 참여했다면 이는 매너에 어긋난 행동이다.

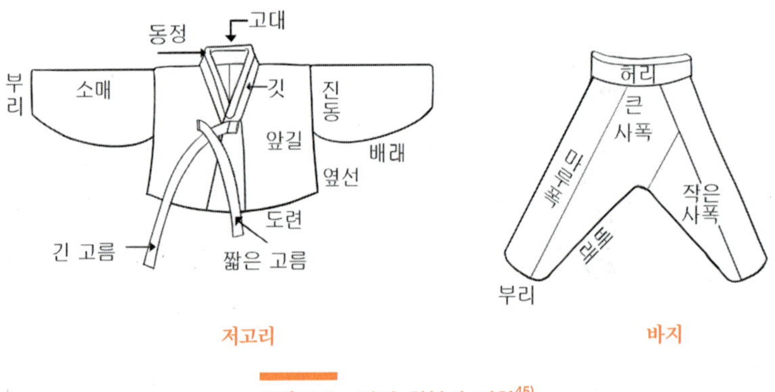

그림 4-1 남성 한복의 명칭[45]

대님 매는 법

· 바지의 사폭 솔기가 안쪽 복사뼈에 놓이도록 한다.

· 마루폭의 솔기를 잡아 왼손으로 바지 위를 누르고 오른손으로 바지 솔기를 잡는다.

· 밑 폭선에 왼쪽의 가운데 손가락을 넣고 오른쪽으로 돌려 바깥 복사뼈까지 돌린다.

· 대님을 두 번 돌려서 한 번 맨 후 나머지 고를 내어 맨다.

· 매듭은 안쪽 복사뼈 위에 오도록 한다.

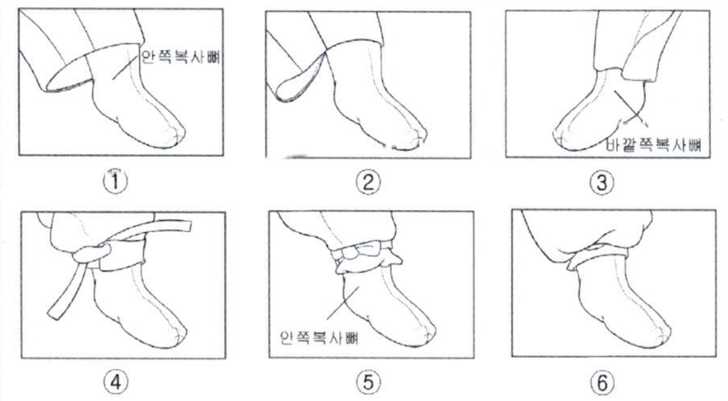

*출처: 김득중 외(1998), 『가정생활과 예절』, 교문사, p.80.

2) 여성 한복

▪ 한복 입는 순서는 속바지, 속치마, 버선, 치마, 저고리, 배자(겨울용), 두루마기순으로 입는다.

▪ 배자, 두루마기 등은 겨울에 입는 방한용이다.

▪ 여성의 두루마기는 남성과는 달리 외출 시 방한용으로 입으며, 실내에서나 의식행사가 이루어질 때는 두루마기를 입지 않는다.

▪ 한복의 치마 여밈은 왼쪽으로 오도록 입는다. 치마끈은 뒤쪽에서 두 개의 끈이 서로 교차하여 앞으로 돌린 후 약간 왼쪽으로 치우치게 해서 매듭을 묶도록 한다. 한가운데에서 묶어주면 저고리가 들뜰 수 있으므로 주의한다.

▪ 겉치마와 속치마의 길이는 3cm 정도 차이가 나게 입도록 한다.

▪ 치마의 허리선이 저고리 아래로 빠져 나오지 않도록 주의한다.

▪ 저고리의 동정은 항상 깨끗이 손질하여 입는다.

▪ 여성의 경우는 한복을 입을 경우 버선을 신도록 하며, 스타킹 등을 신는 것은 자제한다. 버선의 수눅은 바깥쪽을 향하게 신어야 한다.

▪ 목걸이는 하지 말고 귀걸이는 너무 큰 것을 피하며, 긴 머리는 묶어주거나 땋아준다.

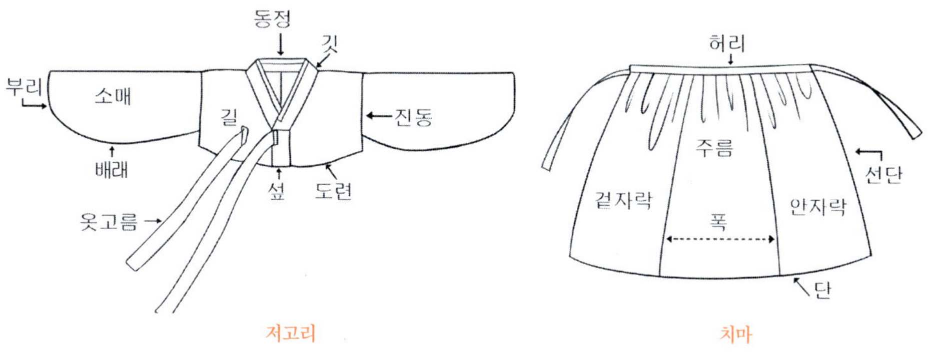

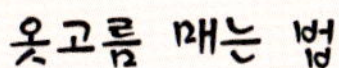

그림 4-2 여성 한복의 명칭[45)]

옷고름 매는 법

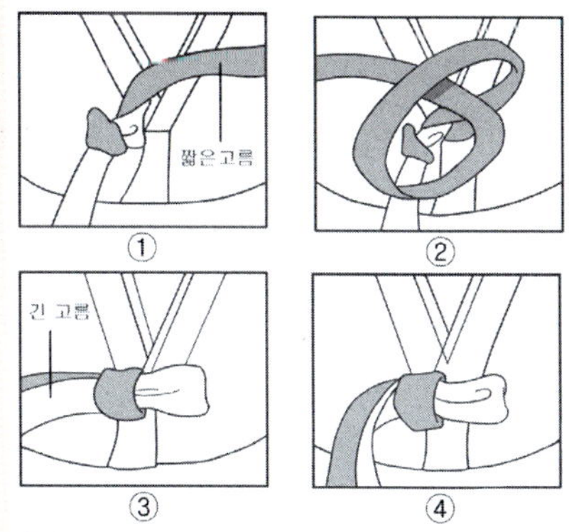

· 짧은 고름이 위로 가도록 X자 모양으로 엇갈리게 놓는다.
· 짧은 고름이 위로 가게 한 번 묶는다.
· 짧은 고름을 돌려 잡고 긴 고름으로 고를 만들어 짧은 고름 안쪽으로 집어넣는다.
· 짧은 고름은 긴 고름 밑으로 넣어 당겨 가지런히 정돈한다.

*출처: 김득중 외(1998), 『가정생활과 예절』, 교문사, pp.86-87.

2. 서양 예복

1) 남성 예복

남성 예복은 모임이 열리는 시간과 격식에 따라 밤의 정식 예복인 연미복, 낮의 정식 예복인 모닝코트(morning coat), 밤의 약식 예복인 턱시도(tuxedo)와 낮의 약식 예복인 색코트(sack coat)로 구분된다.

표 4-1 남성 예복

입는 때	정식 예복	약식 예복
낮	모닝코트	색 코 트
밤	연 미 복	턱 시 도

(1) 연미복(tail coat)

- 밤에 입는 예복으로 공식 만찬회, 무도회, 오페라, 리셉션(정식 야간행사) 등에 참여할 때 입는다.
- 초대장에 'most formal' 혹은 'white tie'라고 제시되어 있으면 연미복을 입으라는 의미이다.
- 재킷의 뒷자락은 제비 꼬리 모양으로 옷자락이 두 쪽으로 갈라져 있다.

그림 4-3 연미복[55]

▪ 셔츠는 흰색의 무늬가 없는 윙 칼라 셔츠를 입도록 한다.

▪ 백색의 나비넥타이(bow tie)와 백색 조끼 및 장갑을 착용한다.

▪ 재킷은 앞단추를 잠그지 않고 셔츠, 타이, 조끼를 강조하며, 앞자락 아래로는 조끼의 끝부분이 약간 보여야 한다.

▪ 재킷의 칼라는 공단으로 한다.

▪ 벨트 대신 서스펜더(suspenders)를 사용한다. 벨트와 서스펜더를 함께 착용하지 않는다.

▪ 양말은 검정색의 실크 양말을 신도록 한다.

▪ 구두는 검은색 에나멜(enamel) 단화를 신는다.

▪ 모자는 실크 햇(silk hat)이나 오페라 햇(opera hat)을 쓴다.

그림 4-4 서스펜더, 보우타이, 윙 칼라 셔츠[75)]

(2) 턱시도(tuxedo)

▪ 저녁에 입는 약식 예복으로 'after six'라고도 불리어지며, 각종 파티, 공연 관람 시 입는다.

▪ 초대장에 'black tie'라고 제시되어 있으면 이 복장을 한다.

▪ 연미복과는 달리 재킷의 꼬리가 길지 않으며 재킷의 칼라는 공단으로 처리되어 있다.

▪ 셔츠는 흰색으로 가슴에 주름처리가 되어 있으며, 칼라는 윙 칼라 또는 레귤러 칼라의 셔츠를 입는다.

▪ 검은색 나비넥타이(bow tie)를 한다.

▪ 실크조끼를 입든지 장식용 벨트인 커머번드(cummerbund)를 착용하도록 한다. 조끼와 커머번드는 함께 착용하지 않는다.

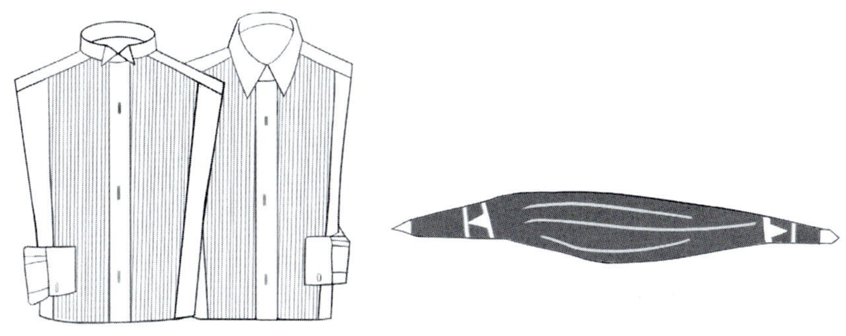

그림 4-5 윙 칼라, 레귤러 셔츠, 커머번드[75)]

그림 4-6 턱시도[55)]

재킷이 검은색인 경우는 타이와 커머번드도 검은색으로 한다.

- 바지는 상의와 같은 색으로 양쪽 옆에 실크 테이프(silk tape)를 붙이고 바지의 길이는 발등을 덮을 정도로 한다.
- 검은색 양말을 신으며, 검은색 구두를 신도록 한다.

(3) 모닝코트(morning coat)

- 낮에 입는 정식 예복으로 공식적인 행사, 정식 오찬, 티 미팅 등에 입는다.
- 낮에 치러지는 결혼식에서 신랑과 들러리 등이 입기도 한다. 이때 턱시도를 입으면 매너에 어긋난다.

그림 4-7 모닝코트[55)]

- 최근에 이 복장은 점차 간소화되면서 짙은 색의 정장(dark suit)으로 대신하는 경우가 있다.
- 재킷은 검은색 모직이며, 옆선은 앞이 짧고 점차 길어지게 사선으로 이루어진 형태를 보이고 있다.
- 셔츠는 무늬가 없는 화이트셔츠를 입는다. 칼라는 레귤러 칼라, 윙 칼라 셔츠를 입는다. 또한 회색조끼를 입는다.
- 흰색이나 검정색의 실크 넥타이를 착용하거나 아스코트 타이를 매기도 한다.
- 바지는 검은색에 회색의 굵은 줄무늬가 있다.
- 흰색이나 회색으로 된 가죽 장갑이나 실크 장갑을 끼도록 한다.

그림 4-8 아스코트 타이, 실크넥타이[75]

- 검은색 실크 양말에 구두는 검은색 단화를 신는다.
- 모자는 실크 햇을 쓴다.

(4) **색코트**(sack coat)

- 낮에 입는 약식 예복의 일종이다.
- 오찬, 다과회, 회의, 공적인 방문 등 낮에 치러지는 공식 행사에서 주로 입는다.
- 재킷은 모닝코트처럼 뒷자락이 길지 않으며, 바지는 옆선에 공단 띠 두 줄이 들어간 것을 입거나 검은색에 회색의 굵은 줄무늬가 있는 모닝코트용 바지를 입어도 된다.

그림 4-9 색코트[55)]

- 셔츠는 레귤러 셔츠를 입는다.
- 조키는 재킷과 똑같은 색으로 입는다.
- 모자는 홈버그 스타일(homburg style)이 적당하다.

2) 여성 예복

(1) 이브닝드레스(evening dress)

- 남자의 연미복에 해당하는 복장으로 주로 저녁에 입는 여성용 정식 예복이다.
- 색상은 밝고 화려하며, 주로 소매가 없거나 매우 짧으며, 치마길이가 상당히 길다.
- 부속품으로 장갑, 구두, 액세서리를 쓰며, 핸드백은 손에 쥘 수 있는 작은 것으로 한다.
- 구두는 앞뒤가 막힌 것을 신는다.

(2) 애프터눈 드레스(afternoon dress)

- 남성의 모닝코트나 색코트에 해당하는 것으로 오후의 티파티(tea party) 혹은 칵테일파티에 초대받았을 때 입는 복장이다.
- 노출이 심하지 않으며, 가벼운 느낌이 나지 않아야 한다.
- 구두는 검은 에나멜의 하이힐을 신는다.
- 부속 액세서리는 너무 요란스럽지 않으면서 연령에 적합한 우아한 것으로 한다.

4장

3. 직장 및 방문복

최근 직장생활이나 사회생활을 하는 데 있어 적합한 복장을 매너 있게 입는 것은 현대를 살아가는 사람들의 기본 센스이다. 특히 복장은 자신의 이미지를 연출하는 데 중요한 요소가 되므로 긍정적인 이미지 창출을 할 수 있도록 매너 있는 복장을 갖추어 입어야 한다.

1) 남성복

(1) 비즈니스 슈트(business suit)

- 주로 사무실용이었으나, 바빠진 사회에서 방문, 오찬, 다과회, 만찬 등에 예복 대신 착용하는 경향이 많다. 특히 검은색 정장(black suit)의 경우 상황 및 장소에 따라 화이트셔츠, 넥타이 등 기타 액세서리만 바꾸어서 어떠한 때에도 입을 수 있는 복장이다.
- 상의, 조끼, 바지를 세트로 입는 것이 정식이나 최근에는 상의는 조끼 없이 싱글이나 더블로 많이 입는다.
- 상의의 버튼은 하나만 잠근다.
- 셔츠는 흰색셔츠를 입는 것이 원칙이지만 최근에 와서는 담청색 등의 셔츠를 입어도 무방하다. 반소매 셔츠는 입지 않는다.

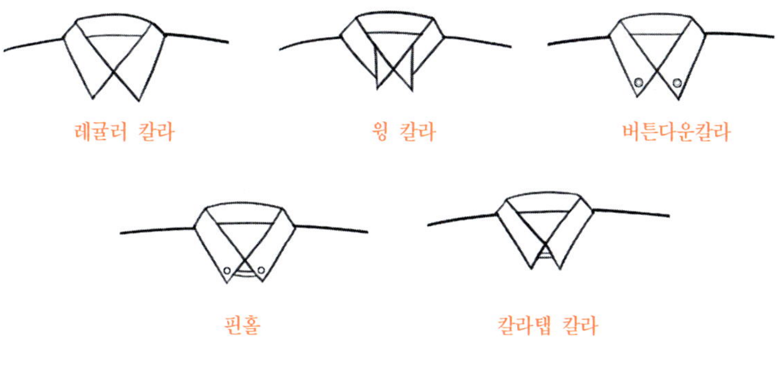

그림 4-10 드레스셔츠 칼라의 종류별 명칭[78)]

4장

(2) 세퍼레이트 슈트(separates suit)

- 이 복장은 주로 재킷과 바지의 색상이나 재질이 다르게 맞춰 입는 것이다.
- 비교적 캐주얼한 복장이므로 주로 주말에 여가를 보낼 때 입는다. 그러므로 공식적인 행사나 모임 등에 입어서는 안 된다.
- 세퍼레이트 슈트를 우리나라나 일본에서는 '콤비'라고 부른다.

매너 있게 셔츠 입는 방법

· 셔츠 소매는 재킷 소매보다 1.5cm 길게 나오도록 입는다.
· 셔츠 칼라는 재킷 칼라 위로 1.5cm 정도 위로 나오도록 입는다.
· 목둘레는 0.5cm 여유 있게 입도록 한다.
· 허리 아래로 15cm 내려오도록 입는다.

*출처: Post, P. & Post, P.(1999), *The etiquette advantage in business personal skills for professional success*, Haper Collins Publishers, pp.154-156.

2) 여성복

(1) 투피스(two piece)

- 재킷(jacket)과 스커트(skirt)를 같은 감으로 할 수도 있고 조화가 잘되는 다른 옷감으로 입어도 된다.
- 블라우스와 스커트, 스포츠 셔츠(sports-shirts)와 스커트 등의 차림도 된다.
- 상황에 따라 함께 분위기를 연출할 수 있어 일상생활에 많이 이용된다.

그림 4-11 투피스

(2) 슈트(suit)

- 재킷과 스커트를 같은 감으로 만들고 여기에 블라우스를 받쳐 입는다.
- 재킷과 바지를 입으면 팬츠슈트(pants suit)이다.
- 스커트를 입을 경우 길이가 너무 짧지 않게 입어야 하며, 타이트스커트가 기본이다.
- 방문복, 통학복 등 어떤 장소에도 손색이 없다.
- 블라우스는 레이스나 프릴이 많이 있는 것은 적합하지 않다.
- 구두는 검정이나 갈색의 하이힐(high heels)을 신도록 한다.
- 슈트를 입을 경우는 빈드시 스타킹을 신도록 한다.

그림 4-12 슈트

CHECK

1. 한복 입는 방법을 알아보시오.
2. 서양 예복의 경우 시간과 장소에 적합한 복장 매너를 설명해 보시오.
3. 직장에 출근할 경우 적합한 복장을 설명해 보시오.
4. 매너 있게 드레스셔츠 입는 방법에 대해 알아보시오.

5장

사교 매너

1. 방문 및 접대 매너

2. 파티 매너

3. 술 매너

1. 방문 및 접대 매너

우리는 만남을 통해 서로의 관계를 유지시켜 나갈 수 있다. 따라서 상대방을 방문할 수도 있고 때로는 방문한 상대방을 접대해야 하는 입장에 놓이게 된다. 방문의 경우는 사교 관습상 행해지는 방문(traditional calling)과 일반적 관례로서 이루어지는 의례적 방문(courtesy calling), 가까운 사이의 방문(visit) 등이 있다. 이와 같은 방문과 이에 대한 접대는 원만한 사회관계 유지 및 발전에 중요한 요소로 작용하므로 서로의 매너에 기초하여 이루어져야 한다.

5장

1) 방문 매너

- 어떤 유형의 방문이든 방문 시 상대방에게 실례가 되지 않도록 배려해야 한다는 것이 기본원칙임을 알고 행동해야 한다.
- 방문을 위해서는 가장 먼저 약속을 해야 한다. 아무리 가까운 사이라도 약속 없이 방문하는 것은 상당한 실례이므로 사전에 반드시 약속을 하고 방문에 임해야 한다. 아울러 약속한 시간은 정확히 지키도록 한다. 만일 약속시간을 제대로 지키지 않는다면 상대방에게 신뢰를 잃을 수 있으므로 주의해야 한다. 특히 교통체증 등을 고려하여 조금 일찍 서두르도록 한다.

▪ 방문 전에 방문 목적이 무엇인지를 정확히 파악한 후 이에 적합한 대화 내용을 준비해 가도록 한다. 대화 시 서두에 불필요한 말을 많이 함으로써 방문 목적을 불명확하게 하지 않도록 하며, 가벼운 인사말과 함께 방문 목적에 맞는 내용으로 대화를 한다.

▪ 가정으로의 방문인 경우 상대방이 느끼기에 부담스럽지 않은 정도의 선물을 가지고 가서 마음을 전하도록 한다. 선물은 방문해서 자리에 앉기 전에 전하는 것이 좋다.

▪ 방문 목적에 적합한 복장으로 항상 단정하고 품위 있는 옷차림을 한다. 특히 노출이 심하거나 지나치게 화려한 옷은 피하도록 한다.

▪ 방문에 적합한 시간은 주로 오후 2~6시경이다. 병문안이나 조문일 경우를 제외하고는 되도록 오전 시간은 피하도록 한다. 또한 식사시간이나 주말, 공휴일 등은 되도록 삼가며, 방문 시 너무 오랜 시간을 머무르지 않도록 주의한다.

▪ 사무실을 방문할 때는 사무실 밖에서, 가정을 방문할 때는 현관에서 외투나 장갑을 벗는 것이 매너이다.

▪ 좌석에 앉을 경우에는 상석과 하석이 있으므로 주의하여 앉도록 한다. 거실에서는 입구 가까운 곳이 하석이며, 그 반대가 상석이므로 상대가 상급자나 연장자일 경우 상석은 피해서 앉는다. 또한 의자에 앉을 경우에는 의자 중앙에 앉으며, 다리는 모으고 양손은 무릎 위에 얹어 놓는다. 특히 서양에서는 소파의 긴 자리는 윗사람의 좌석이다.

▪ 방문하여 오랜 시간 동안 체류하는 것은 실례가 될 수 있으므로 대화 시간은 너무 길지 않도록 한다. 특히 처음 방문했을 때는 15~20분 정도 머무르는 것이 적합하다. 또한 비즈니스를 위한 사무실 방문일 경우는 너무 오래 머무르면 업무에 지장을 주므로 주의한다.

▪ 방문을 마치고 나올 때는 되도록 짧은 인사말을 건네며 정중하게 인사를 한다.

▪ 방문에 대한 답방을 하는 것이 매너이지만 바쁜 현대인의 생활을 고려하여 답방 대신 편지나 이메일 등으로 감사 인사를 대신해도 된다.

2) 접대 매너

상대방의 방문에 대해 매너 있는 접대를 하는 것은 자신의 대인 관계 유지에 중요하다.

▪ 손님이 방문할 시간을 약속하면 가정에서는 집안을 깨끗이 정리정돈하며, 손님이 와서 자신의 코트를 벗어 놓거나 소지품을 두어야 하는 장소도 마련한다.

▪ 접대자는 방문자가 도착하기 전에 자신의 복장이 접대에 적합한 복장인지를 다시 한 번 확인하도록 한다.

▪ 상대방이 선물을 가져왔을 경우 정중하게 "감사합니다"라는 말을 하고 그 자리에서 즉시 열어보는 것이 매너이다. 하지만 만일 선물을 곧바로 열어보지 못한다면 아무 장소에나 놓아서

는 안 되며, 반드시 높은 위치에 두도록 하여 받은 선물을 소홀하게 취급하지 않는다는 느낌이 들도록 한다.

- 손님이 도착하면 응접실로 안내하며, 집안에 다른 가족이 있을 경우 가족을 소개시키도록 한다.
- 계절에 맞게 음료나 차, 과일 등을 간단히 준비하여 정성껏 내놓는다.
- 손님의 방문 목적이 무엇인지를 파악하여 지나치게 사적인 이야기 등은 자제하고 용건에 대해 간단히 이야기한다. 또한 상대방의 이야기를 자세히 경청한다.
- 손님이 돌아갈 때는 집에서 준비한 간단한 선물로 답례를 하며, 현관이나 대문까지 배웅을 한다. 또한 "방문해 주셔서 감사합니다"라는 인사말을 잊지 말아야 한다.
- 손님이 손윗사람인 경우에는 돌아간 후에 잘 도착하셨는지에 대한 확인 전화를 하는 것도 좋은 매너이다.

2. 파티 매너

현대에 와서는 사교의 목적으로 다양한 많은 파티가 개최되고 있다. 따라서 파티에 대한 매너를 올바로 알고 행동한다면 즐거운 분위기의 파티 진행 및 친밀한 인간관계 형성에 도움이 될 것이다.

1) 파티의 기본 매너

(1) 파티의 종류

파티의 종류는 형식에 따라 시팅 스타일(sitting style) 파티와 스탠딩 스타일(standing style) 파티로 구분된다.

- 시팅 스타일의 파티는 디너파티(dinner party), 테이블 서비스 파티(table service party) 등이 있다.
- 스탠딩 스타일은 뷔페파티(buffet party), 티파티(tea party), 칵테일파티(cocktail party), 리셉션(reception) 등이 있다. 이 형식은 간편하면서도 편리하고 경제성이 있어 자주 이용하는 파티의 형식이다.

그 외에도 약혼이나 결혼을 축하하기 위한 파티, 댄스파티, 생일파티, 샤워파티(shower party, 결혼이나 출산을 맞은 여성에게 필요한 소품을 장만해 주면서 즐기는 파티) 등 목적에 따라 다양한 파티가 있다.

(2) 파티 초대 및 참석 매너

파티의 기본 매너를 알고 파티를 개최하거나 초대에 참석한다면 좀 더 즐거운 분위기의 파티가 진행될 것이다.

먼저 초대자로서의 기본 매너를 보면 다음과 같다.

- 초대장은 늦어도 파티 2주일 전에는 보내야 하며, 참석

여부를 확인한다.

▪ 초대자는 현관이나 입구에서 도착하는 손님을 반갑게 맞이한다.

▪ 파티에서의 화제는 주로 공감대를 형성할 수 있는 내용 즉 여가, 여행, 취미 등과 관련된 주제가 무난하며, 정치적·종교적·성적인 이야기는 피하도록 한다. 또한 자신만의 경험을 장황하게 늘어놓거나, 다른 사람을 헐뜯거나 비난하는 등의 내용은 삼간다.

다음은 손님으로서 지켜야 할 파티참석의 기본매너이다.

▪ 파티에 초대를 받으면 자신의 참석 여부를 정확하게 초대자에게 밝히며, 만일 참석하지 못할 경우는 간단히 이유를 밝히도록 한다.

▪ 초대받지 않은 사람은 함께 가지 않는다.

▪ 초대를 받아 파티에 참석할 때는 상대방이 부담스러워하지 않는 범위 내에서 간단한 선물을 준비해 간다.

▪ 파티의 형태에 따라 적절한 복장을 갖추어 참석한다.

▪ 만일 본인의 식사가 먼저 끝났을지라도 곧바로 자리를 떠나서는 안 되며, 참석자들 대부분이 식사가 끝났거나 초대자가 다른 장소로 안내했을 경우에 일어난다.

▪ 파티를 통해 현대인들은 비즈니스가 이루어지는 경우가 많으므로 서열에 신경을 써야 되며, 특히 착석할 경우 상급자, 연장자 여성이 상석인 우측에 자리하도록 한다.

- 파티에 참석한 후에는 초대자에게 감사의 표현으로 답례나 편지를 한다.
- 파티에 대한 기본 매너는 현지 관행을 우선으로 한다.

2) 뷔 페

뷔페는 격식을 차리지 않고 자유롭게 움직이며, 손님이 직접 요리를 덜어 먹으므로 간편하게 많은 손님을 접대할 수 있어 편리하게 많이 이용하는 파티 형식이다. 또한 누구든지 쉽게 이야기를 나눌 수 있는 분위기 연출이 가능하여 사교의 기회가 된다.

뷔페의 종류는 그 형식에 따라 테이블에 앉아서 식사하는 시팅 뷔페(sitting buffet), 선채로 식사하는 스탠딩 뷔페(standing buffet), 음료와 안주 위주의 칵테일 뷔페(cocktail buffet)로 구분된다.

먼저 초대자의 뷔페파티(buffet party) 접대 매너를 보면 다음과 같다.

- 뷔페파티를 위해 테이블은 적정한 자리에 위치시키고 그 위에 각종 기물 및 요리를 배열한다. 소금, 후추 등과 글라스류도 테이블에 세팅한다.
- 손님 수에 따라 상차림은 달라지는데 만일 손님이 많을 경우는 음식 담기를 시작하는 부분을 양쪽에 두어(double line)

5장

혼잡함을 막도록 한다.

▪ 메뉴는 주로 계절에 적절한 것으로 준비하고 나이프를 너무 많이 이용해야 되거나 손이 많이 가는 요리는 피하며, 포크 정도로 편리하게 먹을 수 있는 음식을 준비하는 것이 좋다.

▪ 메인 요리는 너무 많이 차리는 것보다 3~4가지 정도를 준비하는 것이 좋다.

▪ 파티에 따른 모든 준비가 끝나면 초대자는 손님을 맞이하고 소개할 손님이 있으면 소개하도록 한다.

▪ 초대자는 파티 중간에 먹고 난 접시 등을 치우는 데에 각별히 신경 써야 한다.

손님으로서 뷔페파티에 참석할 경우 다음과 같은 사항에 유의해야 한다.

▪ 음식을 덜 때는 시계가 도는 방향으로 돌아간다(single line). 하지만 손님의 수가 많아 음식을 더는 시작 부분이 두 군데일 경우(double line)는 한쪽은 시계 방향, 다른 한쪽은 시계 반대 방향으로 나아가게 된다.

▪ 좋아하는 음식이라도 그것만 집중적으로 덜어 먹지 않는다.

▪ 음식은 한 번에 많이 덜지 말고 적당량을 보기 좋게 담는다. 전채요리, 메인, 디저트로 구분하여 적당량을 3~4회 정도에 나누어 가져온다.

▪ 음식을 먹으면서 돌아다니거나 남기는 행동은 삼간다.

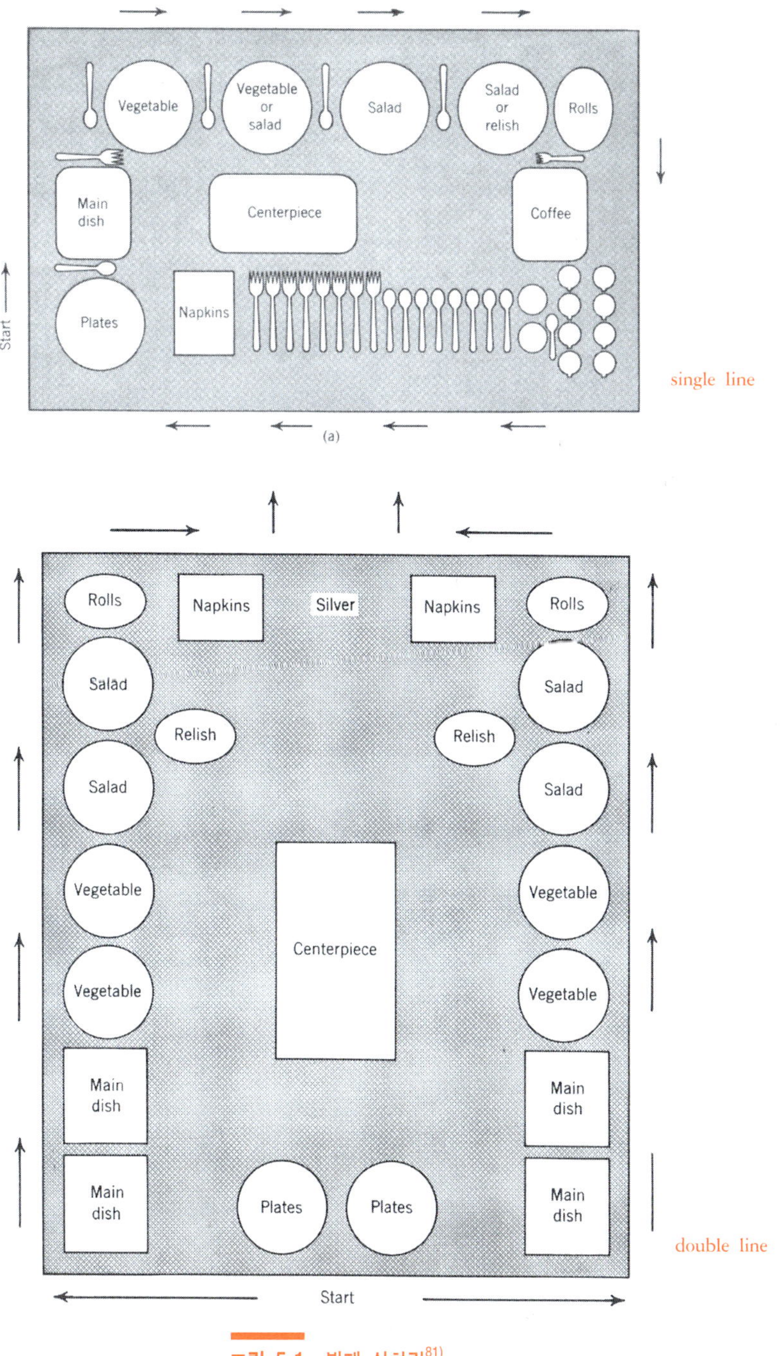

그림 5-1 뷔페 상차림[81)]

▪ 다른 파티와는 달리 뷔페파티(buffet party)의 경우는 중간에 먼저 돌아가는 것이 허용되며, 가까이 있는 주변 사람 정도에게만 인사를 하고 초대자를 일부러 찾거나 다른 모든 사람에게 인사를 하는 것은 피해야 한다.

▪ 파티가 모두 끝나고 돌아갈 때는 초대자에게 즐거운 시간을 보냈다는 인사말을 하고 돌아간다.

3) 티파티

▪ 티파티는 주로 비공식적인 손님 초대에 주로 이용되며, 식사를 하지 않고 차와 간단한 과자, 케이크, 과일 등을 준비하므로 상당히 편리하다.

▪ 티파티에서 차를 따라 주는 역할은 상당히 중요하며, 초대한 측의 여주인이 맡는 것이 손님에 대한 매너이다.

▪ 보통 오전 10 ~ 11시경과 오후 2 ~ 4시경에 하게 되며, 만일 많은 사람이 파티에 참석한다면 간단하게 마시고 30분 안에 자리를 뜨는 것이 좋다. 또한 많은 사람이 모인 파티라면 돌아올 때 초대자에게 꼭 인사할 필요는 없다.

4) 리셉션

▪ 리셉션(reception)은 외교관이나 정부의 고위 공직자들이 공식적으로 개최하는 칵테일파티 형식을 의미하였으나 요즈

음에 와서는 특정인이나 중요한 일에 대한 기념 및 축하를 위하여 개최하는 공식적인 모임을 의미한다.

- 리셉션에서는 리셉션 라인(reception line) 또는 리시빙 라인(receiving line)이라 하여, 호스트, 주빈, 호스티스, 주빈 부인순으로 한 줄로 서서 손님을 맞는다.
- 리셉션장에 도착했을 경우에는 안내자에게 자신의 직책과 이름 등 신분을 정확히 밝히면 안내자는 주최자에게 안내하게 된다.
- 리셉션에 참석할 때의 복장은 반드시 정장을 해야 한다.

3. 술 매너

술은 오랜 역사를 가지고 있으므로 술의 종류 및 음주 문화도 다양하다. 특히 술은 식사의 맛을 높이거나 즐거운 모임에서 반드시 있어야 할 사교의 의미가 있다. 따라서 술에 대해 알고 건전한 음주 매너를 익히도록 한다.

1) 술의 기본 매너

- 식사와 함께 마시는 술은 종류에 따라 식전주, 식사 중에

마시는 술, 식후주로 구분된다. 먼저 식전주는 식욕 촉진의 의미가 있으며, 너무 많이 마셔서는 곤란하다. 대표적인 식전주로는 셰리(sherry)주가 있으며, 식전주에는 여성에게 잘 어울리는 크림 셰리(cream sherry)와 남성에게 어울리는 드라이 셰리(dry sherry)가 있다.

▪ 식사 중에 마시는 술은 요리의 맛을 돋우기 위해 마시는 술로서 테이블 와인(table wine)이라고 하며, 주로 생선요리와는 화이트 와인(white wine), 육류요리와는 레드 와인(red wine) 등을 마신다.

▪ 식후주는 식사 후 술로 소화를 촉진시키기 위해 리큐어

① Straight(=Shot) ② Old Fashioned ③ Highball ④ Cocktail ⑤ Sherry Wine ⑥ White Wine ⑦ Red Wine ⑧ Champagne ⑨ Brandy ⑩ Pilsner

그림 5-2 글라스의 종류[72)]

(liqueur)나 브랜디 등을 마신다. 브랜디는 남성에게, 리큐어는 여성이 마시기에 적합하다.

술을 마실 때의 기본적인 매너를 알아보면 다음과 같다.

- 우리나라의 경우 술잔을 서로 주고받고 돌리는 것을 미덕으로 알고 술을 마신다. 하지만 서양의 경우는 잔을 부딪치며 건배를 하고 마시는 문화이며, 자신의 술잔을 돌리는 것은 실례이다.
- 술을 여러 명에게 따를 경우 상급자나 연장자로부터 순서대로 따른다.
- 우리나라의 경우 잔이 비워지기 전까지는 첨잔하지 않는다.
- 술을 따를 때에는 술의 종류에 따라 달라지지만 주로 잔의 2/3 정도를 따른다.
- 술을 받을 때는 우리나라와 일본은 주로 잔을 오른손으로 받쳐 드나 서양에서는 잔을 전혀 잡지 않고 테이블 위에 놓은 상태에서 따른다.
- 화이트 와인(white wine), 칵테일(cocktail), 샴페인(champagne)은 차갑게 마시는 술이므로 마실 때는 잔의 스템(stem) 부분을 잡는 것이 좋다. 하지만 코냑(cognac) 혹은 브랜디(brandy) 등은 체온으로 데운 후 음미하므로 손바닥으로 잔을 감싸 쥐고 마신다.
- 과음하지 않으며, 상대방에게 술을 무리하게 권해서도 안 된다.
- 술을 거절하는 것은 절대로 실례가 아니다. 하지만 술을

거절할 때 잔을 엎어놓는 것은 삼간다. 잔의 윗부분을 손가락으로 약간 덮으며 거절하는 간단한 이유를 밝힌다.

- 술을 마시면서 다른 사람을 비난하거나 평소에 불평과 불만 등을 이야기하는 것은 좋지 않다.

2) 건배 매너

술을 마실 때 건배를 하는 경우가 종종 있다. 올바른 건배 매너를 알아보자.

- 건배에 대한 문화도 우리나라와 서양이 다르다. 먼저 우리나라의 경우는 식사 전에 하며, 반면 서양에서는 식사 후 끝인사를 하기 전에 한다.
- 건배를 제의한 사람을 '토스트 매스터(toast master)'라고 하는데 연회의 주최자, 사회자 혹은 주빈 중에서 한다.
- '토스트 매스터'가 연회의 참석자 중에서 가장 높은 경우는

표 5-1 각 국가의 건배 제창

국 가	건배 제창	국 가	건배 제창
한 국	위하여	그 리 스	야마스
중 국	간뻬이	영 국	토스트
일 본	간빠이	프 랑 스	아보뜨르상떼 (a votre sante)
미 국	치어스	스칸디나비아	스콜

*출처: 김기재(2005), 『성공비즈니스를 위한 와인가이드』, p.205.

참석자들도 함께 일어난다. 그러나 지위가 높지 않거나 친분이 있는 사람들 간의 모임일 경우는 앉아 있어도 무방하다.

3) 와인 매너

요즈음은 인생을 풍요롭고 행복하게 지내기를 원하고 있는 새로운 형태의 라이프스타일로서 웰빙(welling-being) 문화가 확산됨에 따라 와인은 우리 생활 속에서 친숙한 술의 종류 중 하나가 되었다. 따라서 와인에 대한 매너를 알고 즐기도록 한다.

- 와인은 산지, 양조시기(vintage), 상표, 요리와의 조화 등을 고려해서 선택한다. 하지만 와인의 종류는 상당히 많으므로 식당에서 주문할 경우라면 소믈리에(sommelier)에게 도움을 청하도록 한다.
- 와인병을 따는 방법은 먼저 병의 캡슐 도려내기 → 나이프를 이용하여 캡슐을 벗겨내기 → 병 입구를 깨끗한 천으로 닦아내기 → 코르크스크류의 앞부분을 마개 속으로 천천히 돌려 넣기 → 천천히 마개 빼기의 순이다.
- 식사 시 와인을 마실 경우 와인을 시음하고 평가하는 것을 '호스트 테스트'라 하는데, 이는 남성 주최자가 주로 하게 된다.
- 와인을 따를 때는 글라스에 가득 따라서는 안 되며 글라스의 2/3 정도 따르는 것이 적당한다. 하지만 와인글라스가 큰 경우에 는 1/2 정도 따라도 무방하다. 이는 와인글라스에 적당한

호스트 테스팅 하는 방법

① 주문한 와인이 맞는지 레이블을 확인한다.
② 코르크 상태를 확인한다.
③ 소믈리에는 와인글라스의 1/6 정도를 호스트에게 따라준다.
④ 와인의 색을 관찰한다.
⑤ 글라스를 두세 번 둘러 와인의 향을 맡아본다.
⑥ 와인을 한 모금 넣어 입안 전체를 적시며 맛을 본다.
⑦ 와인이 좋으면 만족의 표시를 보낸다.
⑧ 여자 손님부터 먼저 와인을 따르게 한다.
⑨ 글라스가 모두 채워지면 주최자가 건배를 제의한다.

* 출처: 김기재(2005), 『성공비즈니스를 위한 와인가이드』, pp.190-192.

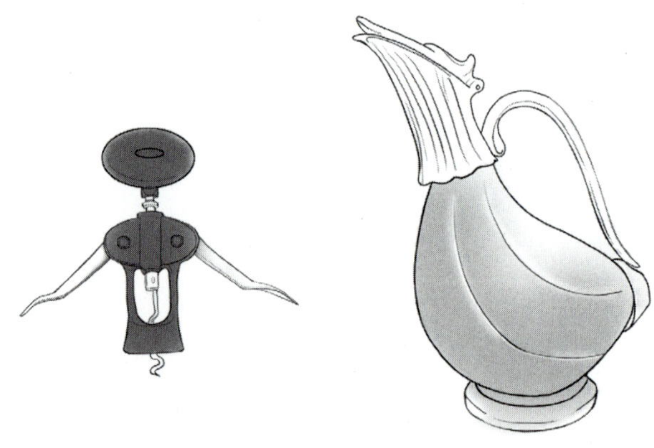

그림 5-3 코르크스크류, 디켄더

공간을 남겨야 향을 음미할 수 있기 때문이다. 또한 너무 많이 따르면 마시기 전에 글라스를 흔들어 향기를 맡을 때 흘릴 수 있기 때문이다.

- 와인을 따라줄 때는 글라스를 들거나 기울이지 않는다. 글라스를 들고 따르면 와인을 흘릴 수 있으므로 내려놓고 따르며, 다 따른 후에는 병을 돌리면서 들어 올리도록 한다.
- 와인은 급히 먹는 술이 아니며, 시각, 후각, 미각 등의 순서로 음미하면서 천천히 마시도록 한다. 한 모금씩 마시며, 입안에서 한두 번 굴려가며 천천히 마시도록 한다.
- 와인글라스는 립(lip), 볼(bowl), 스템(stem), 베이스(base)의 4부분으로 구성되어 있다.
- 와인은 종류에 따라 사용하는 글라스가 다른데 화이트 와인글라스(white wine glass)는 스템 부분이 길게 되어 있다. 이는 화이트 와인은 10 ~ 12℃ 정도로 차갑게 마시는 와인이므로 손의 온도 때문에 미지근해지는 것을 막기 위함이다.
- 레드 와인(red wine)은 17 ~ 20℃가 가장 적정한 온도이므로 반드시 차게 해서 마시지 않아도 된다.
- 와인글라스를 잡는 방법은 스템(stem) 부분을 잡는 방법과 베이스(base) 부분을 잡는 방법 등 두 가지가 있지만, 스템 부분을 잡는 것이 보다 안정적이다.
- 와인을 마실 때는 글라스에 입술 자국이 남지 않도록 한다.

화이트 와인

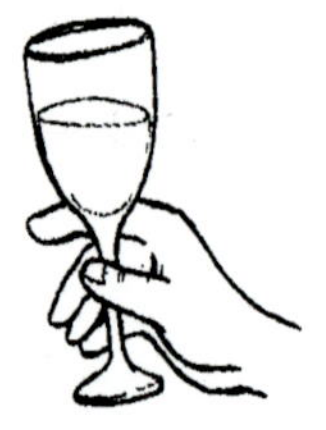

레드 와인

브랜디

칵테일

그림 5-4 와인글라스 잡는 방법[56)]

CHECK

1. 방문 시 주의할 점을 이야기해 보시오.
2. 방문 시 준비할 적합한 선물에 대해 생각해 보시오.
3. 뷔페파티에서 적합한 매너를 설명해 보시오.
4. 와인을 마실 때 주의할 점에 대해 설명해 보시오.
5. 와인 호스트 테스팅 방법을 설명해 보시오.

6장

테이블 매너

1. 식당 이용 매너
2. 한국의 테이블 매너
3. 일본의 테이블 매너
4. 중국의 테이블 매너
5. 서양의 테이블 매너

1. 식당 이용 매너

과거에 비해 오늘날은 음식점에서 식사를 하거나 손님을 접대하는 경우가 많아지고 있다. 따라서 식당을 이용하기 위한 기본적인 매너에 대해 익혀두도록 한다.

1) 예 약

▪ 식당을 예약할 때는 모임의 목적이나 참석자의 연령 등을 고려하여 신중하게 선택하도록 한다. 요즈음은 인터넷으로도 식당 정보를 탐색할 수 있으므로 비교하여 선택하도록 한다.

▪ 대부분의 큰 식당에서는 예약을 기본으로 하고 있으므로 식당을 이용할 때는 사전에 전화나 이메일 등을 통해 반드시 예약을 한다. 특히 많은 사람이 한꺼번에 식당을 이용할 경우 식당에 자리가 없어 당황할 수 있으므로 예약은 필수이다.

▪ 식당 예약 시에는 자신의 이름, 이용 일시, 참석자 인원, 연락처 등을 알려주며, 만일 중요한 기념일에 대한 모임일 경우 사전에 알려주면 케이크, 와인 등 특별서비스를 제공받을 수도 있다. 또한 어느 위치의 테이블을 원하는지 이야기한다면 훨씬 만족할 만한 식사를 할 수 있다.

▪ 만일 피치 못하게 예약을 취소할 경우는 적어도 사전에 일찍 알려야 한다. 또한 조금 늦는다면 전화를 해서 어느 정도

늦을지를 식당에 알리도록 한다.

2) 테이블 착석

▪ 식당에 도착해서는 아무 자리에나 앉아서는 안 되며, 반드시 입구에 서서 리셉셔니스트나 지배인 등의 안내를 받아 자리에 앉도록 한다.

▪ 식당 입구에는 클록 룸(cloak room)이 있으므로 좌석으로 가기 전에 작은 손가방을 제외하고는 코트, 모자, 우산, 가방 등은 클록 룸에 보관하도록 한다.

▪ 좌석은 항상 상석과 하석이 존재한다. 상석은 입구에서 반대쪽 좌석으로 멀리 있는 자리, 좋은 전망을 볼 수 있는 위치, 벽을 등 뒤로 한 자리이다. 앞의 기준에 의한 좌석이 최상석이 되며, 그 다음 상석은 최상석과 가장 가까운 좌석이다. 연령, 직급, 사회적 위치, 성별 등을 고려하여 자리에 앉도록 한다.

▪ 여성연장자가 먼저 자리에 앉도록 배려하며, 특히 여성과 함께 간 남성은 여성의 의자를 빼주어 여성이 의자에 앉기 편하도록 배려한다. 식당에서는 종업원이 의자를 빼주는 경우도 있는데, 이 경우 여성은 자연스럽게 "감사합니다"라고 말하며 의자의 왼쪽으로 들어가 앉도록 한다.

▪ 자리에 앉은 후에는 작은 손가방은 의자의 등받이 앞에 놓는 것이 좋으며, 테이블 위나 아무도 앉지 않았다고 해서

다른 의자에 올려놓는 것은 삼간다.

- 의자에 올바르게 앉는 방법을 보면 먼저 깊숙이 앉고 허리는 곧게 세우며, 다리를 꼬거나 벌리는 행동은 삼간다. 특히 몸을 의자 등받이에 기대어 몸이 젖혀지거나 등을 구부려 앉지 않도록 한다. 또한 테이블과 약간 떨어져 앉도록 하며, 몸을 테이블에 기대지 않도록 한다.
- 손은 자연스럽게 무릎이나 테이블 위에 올려놓는다. 하지만 테이블 위에는 팔목 이상은 올려놓지 않는다.
- 음식이 입에 있을 때는 말을 하지 않으며, 음식을 삼킨 후 포크와 나이프를 내려놓고 말한다.
- 너무 큰소리로 이야기를 하면 다른 사람들에게 실례가 되므로 주의한다. 하지만 아무 말 없이 너무 엄숙하게 식사만 한다면 이도 매너에 어긋나는 것이다.
- 식사 중에 대화를 하면서 천천히 먹는 것은 바람직하다. 대화의 주제로는 사생활 관련 이야기, 정치, 경제, 성적인 내용, 금전문제 등은 피하도록 하며, 모두 함께 가볍게 이해하고 즐길 수 있는 내용을 이야기한다.
- 이야기 도중 제스처를 어깨 위로 너무 크게 하지 않도록 주의한다.

표 6-1 긴급 상황에 대한 매너 있는 대처 방법

긴급 상황	매너 있는 대처 방법
가시가 목에 걸렸을 경우	찬물을 마시거나 냅킨으로 입을 가리고 기침을 한다. 또한 손이나 냅킨으로 입을 가리고 손가락으로 입에서 꺼내는 것도 실례가 되지 않는다.
너무 뜨거운 음식을 먹었을 경우	먹은 음식이 너무 뜨거울 때에는 찬물을 먹거나 지저분하지 않게 종이 냅킨에 뱉은 후 싸서 그릇 한쪽에 놓아둔다.
기침, 재채기, 코풀기	기침이나 재채기가 나오려 하면 손수건 또는 냅킨으로 코와 입을 먼저 가리도록 한다. 코를 풀고 싶을 때는 양해를 구하고 자리를 뜬다.

3) 음식 주문 및 계산

- 주문을 요청받으면 성급하게 선택하지 말고 천천히 음식 메뉴를 살펴본 후에 선택하여 주문하는 것이 바람직하다.
- 생소한 요리에 대해서는 당황하지 말고 종업원에게 물어보도록 한다. 요리에 대해 정확히 모르면서 대충 시키거나 상대방이 시키는 것을 무조건 따라 시키지 않도록 한다.
- 주문은 주로 호스트가 리드하며, 주빈과 상의해서 한다. 만일 상대방을 대접할 경우라면, 상대방에게 먼저 메뉴를 정하

도록 양보하고 식사 방법이 복잡하거나 독특한 음식은 피하도록 한다. 특히 외국인과의 식사에서는 우리나라를 알리는 차원에서 우리의 전통 음식을 권하는 것은 좋지만, 너무 독특하여 처음 먹는 사람에게 어려움이 있는 것은 권하지 않도록 한다.

- 식사를 대접 받을 경우 요리의 가격이 가장 비싼 것과 가장 싼 것을 제외하고 선택하도록 한다. 특히 우리나라 사람들은 겸손한 마음에 상대방에게 식사를 접대 받을 경우, 가장 가격이 저렴한 것을 택하려는 경향이 있는데 이런 행동은 매너에 어긋난다.

- 계산은 식사 후 음료를 마시고 난 뒤 적당한 때에 앉은 자리에서 하도록 한다. 또한 어려운 사람이나 비즈니스상의 접대인 경우에는 식사 중간에 계산서를 가져오면 긴장할 수 있으므로 종업원에게 사전에 주의시키도록 한다.

- 각자 자신의 식사값을 계산하는 경우라도 테이블에서는 한 사람이 대표로 내고 밖에서 정산을 하는 것이 예의이다.

- 팁은 식당에 따라서 계산에 포함된 경우도 있고 그렇지 않은 경우도 있다. 만일 봉사료가 계산서에 포함되지 않은 경우 보통 식사비의 10%를 계산이 끝난 후에 주도록 한다.

2. 한국의 테이블 매너

1) 한국 음식의 상차림

우리나라는 일상생활에서 '밥상머리교육'이라고 불리어질 정도로 식생활에 대한 매너를 중시하고 있으며, 식생활 속에서 배워야 할 매너가 상당히 많이 존재한다. 따라서 식생활에 대한 이해와 아울러 관련 매너를 습득하도록 한다.

- 상차림의 형태는 크게 공간전개형 상차림 방식과 시간전개형 상차림 방식으로 구분되는데, 우리나라의 상차림은 처음부터 음식을 모두 차려 놓은 형태를 취하고 있는 공간전개형 상차림 방법을 이용한다. 최근에는 음식점 등에서 공간전개형과 시간전개형 방식을 절충한 상차림 형태로 나타나고 있다.
- 한국 음식 상차림은 1인상(외상)이 기본이며, 상차림을 할 때 반드시 음식을 놓아야 할 위치가 정해져 있다.
- 상차림의 종류는 용도에 따라 반상, 교자상, 주안상, 생일상, 제사상 등 다양하다. 그중 반상은 밥과 반찬이 주가 되어 차려지는 상으로 밥, 국, 김치, 장류 등의 기본 음식을 제외하고 반찬의 수에 따라 3, 5, 7, 9, 12첩 반상이 있다. 과거에는 3첩에서 7첩까지는 일반가정에서, 9첩 이상은 사대부나 궁중에서, 특히 12첩 반상은 수라상이라 하여 궁중에서 임금을 위한 상차림이었다.

한식 상차림의 경우 다음에 유의해서 차려져야 한다.

- 상의 맨 앞에는 밥을 왼쪽, 국은 오른쪽에 놓고 종지는 상 가운데에 간장, 초장, 초고추장의 순으로 놓는다.
- 더운 음식과 차가운 음식 간에 열전도를 막고 음식의 특성을 살려 식사할 수 있도록 상 가운데를 중심으로 좌측에는 차가운 음식인 나물, 생채 등을 놓고 우측에는 더운 음식인 전, 구이, 조림, 찜 등을 놓는다.
- 수저는 상의 오른쪽의 휘건이나 수저 받침대 위에 올려놓으며, 숟가락은 앞쪽, 젓가락은 뒤쪽으로 가도록 나란히 하여 상 끝에서 3cm 정도 밖으로 나가게 놓는다.
- 생선의 가시를 발라 놓는 것은 매너에 어긋난 행동은 아니다. 하지만 테이블 바닥에 가시를 올려놓아서는 안 되며, 버릴 수 있는 그릇을 왼쪽에 놓아 버리도록 하거나 냅킨에 싸서 버린다.

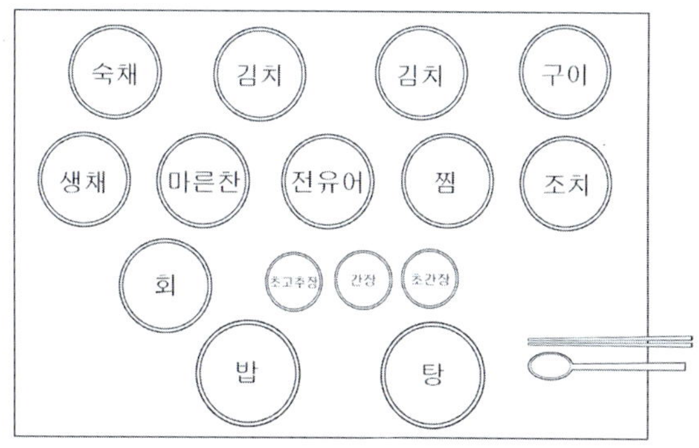

그림 6-1 7첩 반상

6장

2) 한국 음식의 테이블 매너

우리나라 음식 식사 시에는 지켜야 할 매너가 많으므로 식사에 대한 기본 매너를 알고 식사를 한다면 상대방에게도 실례되지 않으며, 아울러 즐겁고 품위 있는 식사가 이루어질 것이다.

식사 시 테이블 매너를 보면 다음과 같다.

- 연장자나 상급자 등 윗분과 함께 식사할 경우는 연장자나 상급자가 먼저 상석에 자리하면 그 다음에 앉도록 한다.
- 밥상에 앉았을 경우의 자세는 허리를 바르게 펴고 손이나 팔꿈치는 밥상에 올려놓는 것은 삼간다.
- 식당에서 물수건이 나올 경우 가볍게 손만 닦는 용도로 사용하며, 그 외 다른 부분을 닦거나 다른 용도로 사용하는 것은 금물이다.
- 연하자나 하급자 등이 그릇의 뚜껑을 모두 연다.
- 연장자나 상급자가 먼저 수저를 들면 그 다음에 연하자나 하급자가 수저를 든다.
- 숟가락과 젓가락은 함께 쥐고 식사하지 않으며, 식사 도중에 숟가락을 빨지 않는다.
- 상대방을 배려하는 마음에 소금이나 후추 등을 국에 넣어주는 행동은 오히려 실례되는 행동이므로 삼간다.
- 밥은 반드시 숟가락으로 먹으며, 국건더기를 젓가락으로 건져 먹는 행동은 삼간다.

- 밥그릇과 국그릇은 절대로 들고 먹지 않는다.
- 반찬은 뒤적거리지 말며, 여러 번 베어 먹지 않고 한 번에 먹는다. 또한 반찬의 양념이나 고명을 털지 않으며, 뒤적거리지 않는다.
- 맛있는 것만을 골라 먹지 않으며, 음식은 한입에 들어갈 만큼만 먹는다. 만일 음식을 입에 가득 물고 있을 경우는 말을 하지 않는다.
- 식사 시 되도록 수저가 그릇에 부딪쳐서 소리를 내거나 음식을 씹는 소리를 내는 것은 금물이다.
- 여러 명이 식사를 할 경우는 개인접시에 음식을 덜어서 먹는다.
- 식사의 속도는 다른 사람과 보조를 맞추며, 만일 연장자보다 먼저 식사가 끝났을 경우에는 곧바로 수저를 상에 내려놓지 말고 국그릇 위에 수저를 걸쳐 놓았다가 식사가 모두 끝나면 내려놓는다.
- 식사가 끝나더라도 빈 그릇을 포개어 놓지 않는다.
- 식사 전후에는 트림을 하지 않으며, 상에서 이를 쑤시지 않는다.
- 식사가 모두 끝나게 되면 "잘 먹었습니다"라고 감사의 표현을 한다.

3. 일본의 테이블 매너

1) 일본 음식의 상차림

일본은 지역적으로 사면이 바다로 둘러싸인 섬으로 되어 있는 특성이 있어 생선 및 해산물을 이용하는 식생활문화가 발달하였고 맛이나 외형적으로도 색깔과 모양의 아름다움을 추구하는 경향이 강하다. 또한 일본지역은 습도가 높으므로 대부분의 음식 맛은 담백함을 추구하고 있다.

표 6-2 일본 요리별 특징

일본 요리의 종류	요리의 특징
혼젠(本膳) 요리	일본의 전통 요리로 궁중 및 관혼상제 등에 차려지는 정식의 정찬요리이다. 상당히 중요한 연회 이외에는 자주 차려지는 상차림은 아니다.
가이세키(懷石) 요리	다도에서 나온 요리로서 차가 나오기 전에 차의 맛을 돋우려는 요리이다. 한 번에 요리가 다 나오는 것이 아니라 한 가지씩 나오므로 뜨거운 요리, 차가운 요리의 각각의 특성을 살려 먹을 수 있다. 양은 많지 않다.
가이세키(會席) 요리	혼젠 요리의 호화스러운 형식을 양식화 한 것으로 연회, 결혼식 피로연 등에서 가장 많이 나타나는 상차림이다. 이 요리는 혼젠 요리처럼 맑은 국과 생선회 등을 먼저 내고 요리를 내게 된다.
쇼징(精進) 요리	사찰에서 발달한 요리로서 식물성 재료로 만든다.

- 일본 요리는 혼젠(本膳) 요리, 가이세키(懷石) 요리, 가이세키(會席) 요리, 쇼징(精進) 요리로 구분해 볼 수 있다.
- 일본 음식은 처음부터 음식을 모두 차려 놓는 공간전개형이 주가 된다. 그러나 손님을 초대한 정식 만찬의 경우는 시간전개형에 따라 음식이 차려진다.
- 상차림에서는 1즙 3채(주요리는 구이, 조림, 튀김이고 부요리는 회, 무침류 등임)가 기본으로 되어 있으며, 1즙 3채에 찜 요리를 포함하면 1즙 4채가 되며, 주로 손님 초대 시 상차림으로 이용된다. 여기서 즙은 국과 찌개를 의미하며, 채는 반찬류를 의미한다.

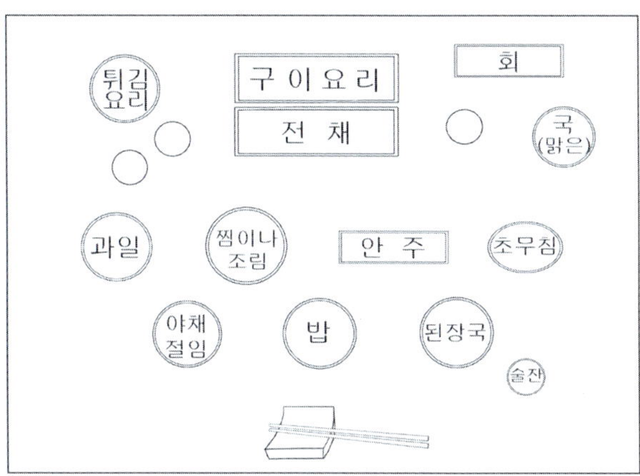

그림 6-2 일본 음식 상차림[55]

2) 일본 음식의 테이블 매너

일본 음식의 테이블 매너를 보면 다음과 같다.

- 일본식 테이블에 앉을 경우에도 상석과 하석의 구분이 나타나는데 일본 음식을 식사할 때의 좌석배치를 보면 문의 반대쪽인 일본식 장식 벽면인 도꼬노마 앞이 상석이 된다.
- 자리에 앉을 때는 연소자나 하급자가 연장자나 상급자보다 먼저 앉으며, 다 먹고 난 후에는 연장자나 상급자가 먼저 일어난다. 일본식 테이블은 좌식이 기본이며, 이 경우 자리에는 방석을 깔고 꿇어앉는 것이 원칙이다.
- 식전, 식후에는 반드시 고개 숙여 인사를 하는 것이 기본 매너이다.
- 오른손으로 밥그릇, 국그릇, 보시기 등의 순서로 그릇의 뚜껑을 열어서 오른쪽에 놓으며, 식사가 끝난 후에는 다시 처음처럼 뚜껑을 덮는다.
- 일본은 수저를 사용하지 않으므로 젓가락에 대한 사용 매너가 상당히 중요하다. 식사 중에 젓가락을 사용할 때는 두 손으로 길이를 맞춰 사용하고 젓가락 받침대에 걸쳐 놓고, 식사가 끝나면 처음처럼 젓가락 봉지에 넣는다. 또한 식사 중간에 젓가락으로 음식을 주고받거나 젓가락 끝을 입으로 빨거나 하는 행동은 상당히 실례되는 행동이다.
- 경사 시에는 밥부터 먹고, 흉사 시에는 국부터 마시도록 한다.

▪ 밥을 먹을 때는 왼손으로 밥공기를 들고 입에 가까이 가져간 후 밥 한 젓가락을 먹은 다음 밥공기를 상위에 놓고 국그릇을 들어 국물을 마신다.

▪ 일본의 식사는 젓가락만 사용하므로 국물을 먹을 때도 그릇을 들고 마시며, 국건더기는 젓가락으로 건져 먹는다. 밥그릇에 국물을 부어서 먹는 것은 삼간다.

▪ 생선회는 담백한 생선을 먼저 먹은 다음 기름기가 강한 생선을 먹어야 한다.

▪ 생선회를 먹을 때는 간장에 겨자를 풀어 찍어 먹어서는 안 되며, 겨자를 생선회에 약간 바르고 간장을 찍어 먹는다. 혹시 간장이 떨어질 수 있으므로 작은 접시를 손에 받쳐 생선회를 가져와 먹는다.

▪ 생선초밥은 손으로 먹거나 젓가락으로 먹어도 된다. 하지만 테이블에 정식으로 앉아서 식사를 할 경우는 반드시 젓가락을 사용하는 것이 매너이다. 손으로 초밥을 먹을 경우는 물수건으로 손가락을 닦은 후 먹는다.

▪ 일본에서는 첨잔문화가 발달되어 있으므로 술을 마실 때는 상대방의 잔이 1/3 정도까지 비우기 전에 술을 채워 준다.

▪ 일본 음식 식사 시 차를 마시는 적당한 때는 식사하는 중간을 제외하고 식사 전과 식사 후에 마시게 된다. 또한 차를 마실 때에는 왼손으로 찻잔 밑을 받치고 오른손으로 찻잔을 들고 마신다.

4. 중국의 테이블 매너

1) 중국 음식의 상차림

중국은 상당히 면적이 큰 나라이므로 지역별로 기후나 생산되는 음식의 재료들이 상이하다. 따라서 지역별로 각각 특징있고 독특한 식생활문화를 발전시켰다. 이처럼 독특한 개성을 지니고 발전해 온 각 지방의 식생활문화는 민족간의 이동으로 상호교류되면서 세계적인 요리로서의 중국 요리를 창출해 낸 것이다.

- 중국 요리는 지역적인 특징에 따라 북경요리(北京料理), 광동요리(廣東料理), 사천요리(四川料理), 상해요리(上海料理) 등으로 크게 분류할 수 있다.
- 중국 음식 상차림은 음식이 순차적으로 나오는 시간전개형 상차림 형식을 취하고 있다.
- 중국식 상차림에서는 사람 수에 따라 요리의 수를 정하며, 사람 수만큼의 접시를 놓는다. 특히 음식을 각자 덜어 먹기 때문에 사람이 늘어날 때나 음식을 곁들일 때는 한 가지 정도 요리를 추가하여 놓는다.
- 중국 요리의 식탁은 주로 2단으로 되어 있는 원형테이블이 기본이다. 원형테이블의 윗단은 요리를 올려놓으며, 회전하게 되어 있고 아랫단은 개인용 젓가락, 스푼, 개인접시, 조미료용

기, 술잔, 물잔이나 찻잔, 냅킨 등이 놓인다.

- 중국 요리는 첸차이라는 전채요리, 메인 요리로 주차이(또는 따차이라고도 함), 뗀신이라는 간단한 탄수화물 요리 등으로 구성된다.

표 6-3 중국요리별 특징

중국 요리의 종류	요리의 특징
북경(北京)요리	북경을 중심으로 한 추운 북부지역에서 발달된 요리로 추위에 견디기 위해 열량이 높은 요리가 주가 된다. 따라서 짧은 시간에 센 불로 요리하는 열량이 높은 튀김, 볶음요리와 짜고 매운 요리가 주로 많다.
광동(廣東)요리	광동성 등 남부지방에서 주로 발달하고 많이 먹는 요리로서 어패류를 주재료로 한 요리가 대표적이며, 아열대성 야채를 주로 이용하고 있다. 또한 외국과의 빈번한 교류가 있던 지역이므로 서양의 식문화와 혼합된 요리들이 많이 있다.
사천(四川)요리	사천을 중심으로 주로 서부지역에서 발달한 요리로서 여름에는 매우 더운 날씨이므로 변질을 막기 위해 향신료를 많이 첨가한 음식이 발달했으며, 특히 매운 맛을 내는 파, 마늘, 고추 등을 넣는 요리가 발달되었다.
상해(上海)요리	상해, 항주, 소주 등의 중부지역을 중심으로 발달한 요리가 여기에 속하며, 양자강 유역에서 나오는 새우, 게 등의 해산물 요리가 발달하였으며, 간장, 설탕, 기타 소스 등을 이용한 조림, 볶음요리가 많다. 맛이 비교적 달고 진하며, 기름기가 많다.

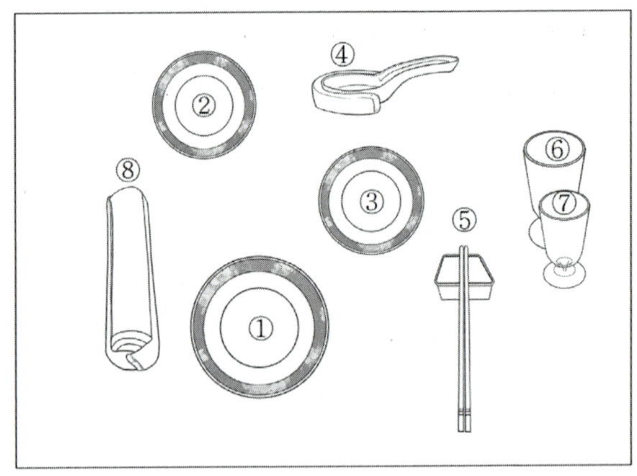

① 음식 덜어 먹는 접시 ② 조미료용 접시 ③ 수프용 접시
④ 사기 숟가락 ⑤ 젓가락 ⑥⑦ 술잔 ⑧ 냅킨

그림 6-3 중국 음식 상차림[87)]

2) 중국 음식의 테이블 매너

중국 음식 식사 시 테이블 매너를 보면 다음과 같다.

- 중국 음식 테이블에서도 상석과 하석이 있는데 입구로부터 가장 먼 좌석이 상석이고 그 좌석으로부터 볼 때 좌측, 우측, 좌측의 순으로 앉는다.
- 초대자는 주로 입구 가까운 곳에 앉고 주빈은 상석에 앉는 것이 기본이다.
- 중국 음식을 먹을 경우는 숟가락과 젓가락을 모두 사용하지만 우리나라와는 약간 다르다. 숟가락은 주로 탕을 먹을 때만

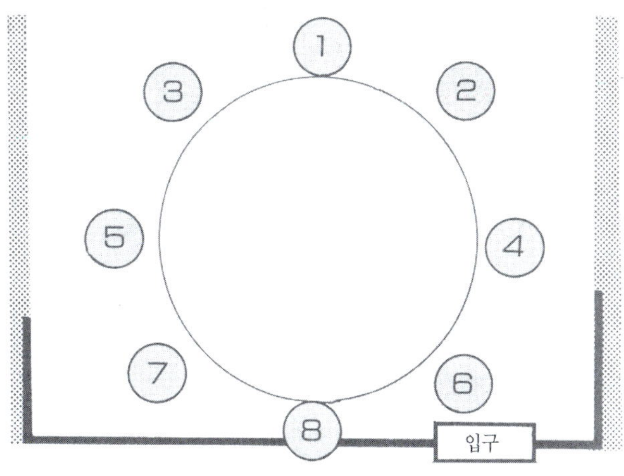

그림 6-4 중국 음식 식탁의 상석과 하석[87)]

이용되며, 밥, 면류, 요리 등을 먹을 때는 반드시 젓가락을 이용해서 먹도록 한다.

- 각자 적당량의 음식을 자신의 기호에 맞게 덜어다 먹는다. 이때 다른 사람이 덜고 있는지를 확인한 후 테이블을 회전시키도록 한다. 테이블 회전은 반드시 시계 방향으로 해야 한다.
- 순차적으로 음식이 제공되므로 처음부터 음식을 많이 먹지 않는다.
- 요리는 큰 접시에 담겨 나오므로 공동으로 사용하는 젓가락을 이용하여 개인 접시에 덜어 먹는다.
- 요리가 바뀌면 개인 접시도 새로 나오므로 한 접시에 여러 음식을 덜어 제 맛을 즐길 수 없게 해서는 안 된다.
- 개인 접시를 들지 않으며, 테이블에 놓은 상태로 먹는 것이 좋다.

- 생선 한 마리가 통째로 나왔을 경우에는 먼저 갖다 먹지 말고 기다렸다가 주빈이 먼저 덜은 후에 먹는다.
- 만두나 빵 등을 먹을 경우에는 작게 잘라 몇 번에 나누어 먹는다.
- 중국 음식은 나온 음식을 다 먹을 필요는 없으며, 오히려 적당히 남겨두는 것이 매너이다.
- 식사 시 처음부터 끝까지 차(茶)를 함께 마신다.
- 차는 요리와 요리를 먹는 사이에 마시면 음식의 맛과 향을 정리할 수 있어 다음 요리의 맛을 한층 더 즐길 수 있다.

5. 서양의 테이블 매너

1) 서양 음식의 상차림

서양 음식 식사 시 음식의 코스별로 사용하는 포크와 나이프가 다르므로 먼저 상차림 방법을 안다면 테이블 매너를 이해하고 실행하는 데 도움이 될 것이다.

- 테이블에 앉은 경우 착석자의 중앙에는 메인접시를 놓고 맨 오른쪽 바깥부터 수프용 스푼과 나이프를, 왼쪽 바깥부터 포크를 순서대로 놓으며, 메뉴 순서에 따라 바깥쪽에서 안쪽으

로 놓는다.

- 일반적으로 메인접시 위에는 냅킨을 올려놓는다.
- 글라스는 메인접시의 우측 위쪽에 사선으로 위치하며, 주로 물잔, 레드 와인글라스, 화이트 와인글라스 등이 위치한다.

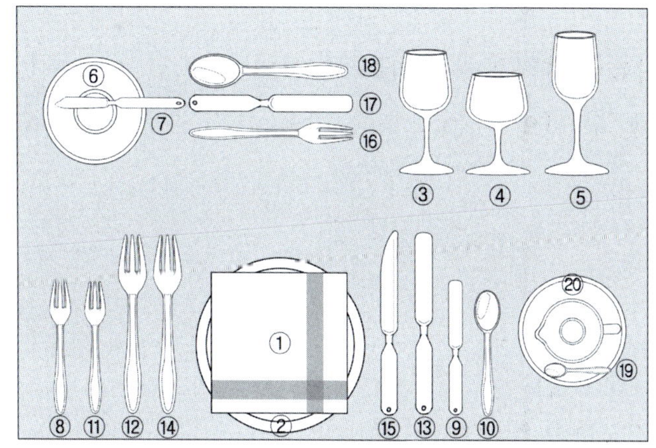

① 냅킨	② 메인디시
③ 물잔	④ 레드 와인글라스
⑤ 화이트 와인글라스	⑥ 빵 접시
⑦ 버터나이프	⑧ 애피타이저 포크
⑨ 샐러드 포크	⑩ 수프 스푼
⑪ 샐러드 포크	⑫ 생선용 포크
⑬ 생선용 나이프	⑭ 육류용 포크
⑮ 육류용 나이프	⑯ 디저트 포크
⑰ 디저트 나이프	⑱ 디저트 스푼
⑲ 티스푼	⑳ 커피 또는 찻잔과 받침

그림 6-5 서양 음식 상차림

6장

- 빵 접시는 왼쪽 포크 위에 놓고 버터나이프는 빵 접시에 놓는다.
- 메인접시 바로 위쪽에 디저트용 포크, 나이프, 스푼을 차례대로 놓는다.
- 소금, 후추, 버터 등은 두 사람 앞에 하나씩 적당히 놓는다.
- 사이드 테이블에는 음료나 술, 버터, 과일, 접시 등을 놓는다.
- 자신이 먹기 불편하다고 하여 세팅된 식기의 위치를 바꾸는 행동은 삼간다.

냅킨 사용

- 모든 사람이 자리에 앉은 후 주빈이 냅킨(napkin)을 펼치면 그 후에 나머지 다른 사람들도 냅킨을 펼친다. 식전에 건배나 인사 소개 또는 연설이 있는 경우 끝날 때까지 냅킨을 펴지 않는다.
- 냅킨은 다 펼치지 말고 대각선이나 가로로 한번 접은 후에 삼각형이나 직사각형의 모양으로 해서 무릎에 올려놓는다. 이때 접힌 부분이 자기 쪽으로 오도록 올려놓는다.
- 냅킨은 식사 도중 옷이 더럽혀지는 것을 방지하고 핑거 볼(finger bowl)을 사용하였을 때 손가락을 닦거나 입을 닦는 데 쓰인다. 만일 입을 닦을 경우 가볍게 눌러 가며 닦아 립스틱이 묻지 않도록 주의한다. 닦을 때는 삼각형이나 대각선으로 접힌 냅킨의 안쪽으로 닦도록 한다.
- 식사 도중 냅킨을 떨어뜨린 경우에는 절대로 주워서는 안 되며 종업원에게 새것을 요청한다.

· 식사 중간에 자리를 뜨는 것은 매너가 아니지만 부득이 하게 자리를 비울 경우에 냅킨은 테이블 위에 올려놓는 것보다 의자의 등받이에 걸쳐 놓는 것이 바람직하다.
· 식사가 끝난 후 냅킨은 대충 접어 테이블 위에 놓아두어야 한다. 지나치게 잘 접어놓으면 사용하지 않은 것으로 오해할 수도 있다.

그림 6-6 냅킨 무릎에 놓는 방법[87)]

포크와 나이프 사용

· 포크와 나이프는 가장 바깥쪽에 있는 것부터 사용한다.
· 포크와 나이프를 이용하여 고기를 자를 때에는 끝이 서로 직각이 되게 하며, 팔꿈치를 옆으로 벌리지 않고 팔목만을 움직여 자른다.
· 포크와 나이프는 서로 부딪쳐 소리가 나지 않도록 주의한다.
· 포크나 나이프를 사용하다가 바닥에 떨어뜨렸을 경우는 본인이 직접 줍지 말고 종업원에게 새것을 요청한다.

6장

· 포크와 나이프의 놓는 방법에 따라 식사 중 또는 식사 종료를 알리는 방법이 될 수 있다. 식사중일 때는 포크와 나이프를 접시 위에 팔자(八字)형으로 놓으며, 나이프는 칼날이 안쪽으로 향하게 놓는다. 식사가 끝났을 경우에는 포크와 나이프를 접시 중앙에서 오른쪽으로 윗부분에 바깥쪽부터 나이프, 포크 순으로 가지런히 모아둔다. 이때 포크는 끝이 위를 보게 하고 칼날은 안쪽으로 향하게 한다.

식사 중 식사 후

그림 6-7 포크와 나이프 사용법[78)]

2) 서양 음식의 테이블 매너

서양음식의 풀코스(full course)에는 전채요리(appetizer), 수프(soup), 생선요리(fish), 육류요리(meat), 샐러드(salad), 디저트(dessert), 음료(beverage) 등이 나온다.

(1) 전채요리(appetizer)

- 식사 전에 입맛을 돋우기 위해 간단히 먹는 것이므로 조금만 먹는다.
- 전채요리는 차가운 요리와 따뜻한 요리로 구분되는데 차가운 전채요리에는 철갑상어알(caviar), 거위간(foiegras), 연어(salmon), 새우칵테일(shrimp cocktail) 등이 있으며, 따뜻한 전채요리는 스파게티, 소형파이(small pie), 식용달팽이(escargot) 등이 있다.
- 식전주는 음식 맛을 돋우기 위해 마시는 술로서 셰리주(cream sherry or dry sherry)나 맨해튼, 마티니 등 각종 칵테일(cocktail)이 전채요리와 함께 제공된다.

(2) 수프(soup)

- 수프는 맑은 수프인 콩소메(consommé)와 진한 수프 포타주(potage)가 있다.
- 스푼은 펜을 잡는 듯한 방법으로 잡도록 한다.
- 수프는 자기 앞쪽에서 바깥쪽으로 떠서 먹는다.

그림 6-8 수프 먹는 방법[87)]

▪ 소리 나지 않게 먹으며, 수프가 적어지면 접시를 약간 기울여서 뜨고 다 먹으면 스푼은 접시 안에 둔다.

▪ 수프 컵(soup cup)의 경우는 손으로 들고 마셔도 된다. 하지만 컵을 들고 스푼으로 떠서 먹는 것은 매너가 아니다.

(3) 빵(bread)

▪ 수프가 끝나면서부터 메인 코스가 끝날 때까지 요리와 함께 자유로이 먹는다.

▪ 프랑스식은 수프를 먹기 전에는 조금만 나오고 주요리(main course) 후에 또 다시 나온다.

▪ 빵은 나이프로 자르지 말고 한입에 들어갈 만큼의 크기를 손으로 뜯어서 먹으며, 버터나이프는 오직 버터나 잼을 발라먹을 경우에만 사용한다.

▪ 프랑스식은 일반적으로 빵에 버터를 바르지 않는다.

(4) 생선요리(fish)

▪ 서양식의 코스 음식에서 생선요리는 본격적인 육류요리가 나오기 전에 먹는 요리이다.

▪ 레몬은 생선 위에 올려놓고 나이프를 눕혀 눌러 즙을 짠 후 접시 한쪽에 놓는다.

▪ 생선이 통째로 나올 경우 윗부분의 살부터 먼저 먹고 난 후 생선을 뒤집지 말고 포크와 나이프로 뼈를 추려 접시 옆에 놓고 나머지 아랫부분을 먹는다.

▪ 생선 가시는 접시 한쪽에 모아두며, 만일 입에 가시가 들어 갔으면 종이에 뱉어 싸서 버린다.

▪ 생선 요리에는 화이트 와인(white wine)을 함께 마시면 요리의 맛을 훨씬 더 즐길 수 있다.

(5) 육류요리(meat)

▪ 서양식 풀코스에서는 육류요리가 본격적인 주요요리가 된다.

▪ 육류로는 가금류(poultry)인 닭, 오리고기, 칠면조와 함께 양고기, 돼지고기, 쇠고기를 포함시킨다.

▪ 육류요리는 식으면 제 맛이 나지 않으므로 처음부터 다 잘라 놓지 않는다. 한꺼번에 다 잘라 놓으면 육즙이 빠져나오고 금방 식어서 맛이 없어진다.

▪ 육류요리를 자를 때는 고기의 맨 왼쪽 부분을 포크로 누르고 나이프로 잘라 먹는다.

▪ 육류 요리 중 스테이크는 앙트레(entrée)라고도 불린다.

▪ 육류에는 채소가 함께 곁들여져 나오고 레드 와인(red wine)을 함께 마신다.

▪ 스테이크(steak)는 굽는 정도에 따라 맛이 달라지므로 식사 주문 시 자신이 원하는 스테이크 조리 정도를 이야기한다.

표 6-4 스테이크 굽는 정도

굽는 정도	설 명
래어(rare)	표면만 구워 중간은 붉은 날고기 상태로 약간 구운 것
미디엄 래어(medium rare)	중심이 핑크와 붉은 부분이 섞여 있는 상태로 좀더 구운 것
미디엄(medium)	중간부가 모두 핑크 빛을 띠는 상태로 중간 정도 구운 것
웰던(welldone)	표면과 중심부가 모두 구워져 갈색을 띠는 상태로 완전히 구운 것

(6) 샐러드(salad)

▪ 샐러드는 보통 육류 요리 전에 먹기도 하지만 육류요리와 함께 먹는 것이 좋다. 영국, 미국인들은 샐러드와 육류요리를 같이 먹거나 그 이전에 먹는 반면 프랑스인들은 육류요리를 먹은 후에 따로 먹는다.

▪ 샐러드는 생야채를 이용하여 차갑게 먹는 것이다.

▪ 샐러드에 얹어서 먹는 소스를 드레싱(dressing)이라고 하며, 그 종류는 프렌치드레싱(french dressing), 마요네즈 드레싱(mayonnaise dressing), 사우전드 아일랜드 드레싱(thousand island dressing)으로 구분된다.

▪ 샐러드는 왼쪽에 서브하므로 오른쪽의 다른 사람 것을 먹지 않도록 주의한다.

▪ 프랑스에서는 샐러드와 디저트 사이에 치즈(cheese)를 먹는다.

(7) 디저트(dessert)

- 따뜻한 디저트로는 푸딩, 파이 등이 있으며, 차가운 디저트는 과일, 아이스크림, 셔벗(sherbet) 등이 있다.
- 과일을 먹기 전에는 핑거 볼(finger bowl)에 손끝을 씻는다.
- 디저트용 포크, 나이프, 스푼이 따로 나오므로 이를 이용하도록 한다.
- 멜론이나 수박 등 수분이 많은 과일은 스푼으로 먹는다.
- 포도는 손으로 한 알씩 따서 먹고 씨는 발라 손바닥에 뱉어 접시에 놓으며, 딸기는 한 알씩 스푼으로 먹는다.

(8) 음료(beverage)

- 식사의 마지막으로 커피(coffee)나 티(tea) 또는 식후주를 마신다.
- 찻잔을 잡을 경우는 방아쇠를 당기듯 엄지와 검지를 찻잔 고리 사이로 끼워 잡지 않도록 한다.
- 정식일 경우 커피는 데미타스(demitasse)라 하여 작은 잔으로 진하게 마신다.
- 차를 젓고 난후 스푼으로 맛을 봐서는 안 된다.
- 녹차나 홍차의 경우 티백은 적당 시간 담가 두었다가 물이 흐르지 않게 스푼으로 눌러 물을 짜낸 후 컵 뒤쪽에 가로로 놓는다.
- 티스푼은 사용 전에는 찻잔의 앞쪽에 사용 후에는 찻잔의 뒤쪽에 놓는다.

▪ 차 대신 소화를 촉진시키기 위하여 식후주를 마시는 경우도 있다. 이 경우 남성은 브랜디, 여성은 리큐어 등을 주로 마신다.

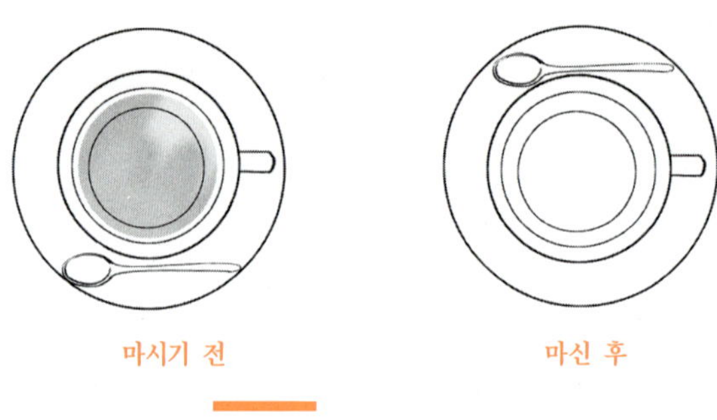

그림 6-9 티스푼 놓는 방법

CHECK

1. 식당 예약 시 고려할 점을 생각해 보시오.
2. 식당에서 음식 주문 시 주의할 점을 이야기해 보시오.
3. 냅킨 사용 방법을 설명해 보시오.
4. 국가별로 매너 있게 식사하는 방법을 설명해 보시오.

7장

경조사 매너

1. 결혼식

2. 출 산

3. 생 일

4. 문 병

5. 조 문

결혼, 출산, 백일, 돌, 회갑, 고희, 입학, 졸업, 사망 등 이외에도 수많은 경조사가 우리 생활 속에서 나타나고 있으므로 이에 대한 참여를 통해 서로 경사에 대해 축하하고 조사에 함께 슬퍼하고 위로함은 상대방에 대한 배려이다. 이는 결국 자신의 원만한 인간관계 유지와 연결되므로 가정 및 사회생활에 필수적이다. 따라서 물질적 요소보다는 경사와 조사에 서로 돕고 참여해야 한다는 생각을 기초로 경조사 매너를 습득하도록 한다. 또한 경조사에는 되도록이면 참석하여 축하와 위로를 해주는 것이 바람직하며, 만일 참석하기 어려운 경우에는 전화나 카드, 꽃바구니 등으로 대신한다.

1. 결혼식

결혼은 경조사 중 일생에 한 번밖에 없는 중요한 통과의례로서 결혼 당사자나 부모를 비롯한 가족들은 결혼에 대한 기대와 중요성을 높이 인식하고 있다. 따라서 결혼을 하는 당사자나 가족, 그리고 결혼식에 참여하는 하객들도 결혼식에 대한 기본 의미를 되새기며 매너 있게 참여함으로써 소중한 행사가 되도록 해야 한다.

▪ 서양에서는 결혼식 전에 신부를 축하하기 위하여 신부의 친구들이 간단한 생활용품을 선물로 준비하여 브라이덜 샤워(bridal shower)라는 파티를 열어 준다.

▪ 주례는 유명인보다는 평소에 신랑, 신부를 잘 아는 덕망 있고 화목한 가정을 이루고 있는 분에게 부탁하는 것이 좋다.

▪ 화동(花童)이라 하여 어린 꼬마와 친구들을 들러리로 세운다.

▪ 결혼청첩장은 결혼식에 대해 알리고 초대한다는 글로서 간결하고 정성이 들어 있는 문장으로 하며, 누가 초대장을 쓴 것인지를 정확히 밝혀서 매너를 갖춘 내용이 되도록 한다. 청첩장을 누가 보내느냐에 따라 부모, 별도 청첩인, 결혼 당사자인 신랑, 신부 등 3가지 유형으로 구분될 수 있다.

▪ 결혼청첩장은 우편으로 보내는 것이 바람직하나 요즈음 인터넷 등을 이용하여 발송해도 무방하다.

▪ 가까운 사이가 아닌 사람들까지도 초대하는 것은 자제하도록 한다. 서로를 잘 알고 진정으로 축하해 줄 사람들만 소수 인원 초대하도록 한다. 하객들도 초대 받은 결혼식에 가서는 진심으로 축하해 주도록 하며, 단순히 참여에 의의를 갖고 축의금만을 전달하고 돌아오는 것은 바람직하지 않다.

▪ 결혼식에 참여할 때는 반드시 정장을 갖춰 입는다. 이때 여성의 경우 너무 어둡지 않은 컬러의 슈트나 투피스를 선택하며, 남성의 경우는 블랙이나 다크 슈트 등을 입는다.

▪ 결혼식에 갈 때는 축의금이나 선물을 가지고 간다.

결혼 청첩장

모시는 글

○○○, ○○○의 장남 ○○○
○○○, ○○○의 장녀 ○○○ 올림

일 시:
장 소:

▪ 결혼 당사자의 경우 남성은 예복을 갖춰 입는 것이 좋으며, 이 경우 낮 결혼식은 모닝코트, 밤 결혼식은 연미복이나 턱시도를 입는다. 블랙정장을 대신 입어도 무방하다.

▪ 결혼식이 끝난 후에는 하객에게 편지나 카드로서 감사의 뜻을 전하도록 한다. 이때는 아버지와 어머니의 이름으로 보내도록 한다.

▪ 결혼기념일의 명칭은 결혼 지속연수에 따라 달리 부르고 있다.

▪ 우리나라의 경우 특히 은혼식, 금혼식 때는 자녀들이나 주변의 가까운 사람들이 모여 축하를 하는 등 큰 행사로 치러진다. 최근에는 부부의 결혼 생활을 되돌아보고 그 의미를 부여하는 결혼 이벤트로서 리마인드 웨딩(remind wedding)을 하기도 한다.

표 7-1 결혼기념일 명칭

1주년: 지혼식(The Paper Wedding)
10주년: 주석혼식(The Tin Wedding)
20주년: 도자기혼식(The China Wedding)
25주년: 은혼식(The Silver Wedding)
30주년: 진주혼식(The Ivory or pearl Wedding)
40주년: 홍옥혼식(The Ruby Wedding)
50주년: 금혼식(The Golden Sapphire Wedding)

* 출처: 호텔신라서비스교육센터(2001), 『현대인을 위한 국제매너』, 김영사, p.90.

2. 출 산

과거 우리나라에는 출산의례라 하여 출산에 대해 상당한 의미를 부여하여 신성시되었으나, 오늘날은 의례적인 면보다 새로운 생명의 탄생에 대한 축하와 건강을 기원하는 마음이 더욱 중요시되고 있다. 따라서 이에 대한 매너를 알고 잘 지키는 것이 필요하다.

▪ 아기의 출산 직후에는 되도록이면 방문을 자제한다. 산모나 아기가 면역성이 약하므로, 출산 직후보다는 출산 후 20~30일

이 지난 후 아기와 산모의 건강 상태를 확인하고 방문하여 축하해 준다.

▪ 출산 축하를 위한 방문 시에는 너무 오래 있어 산모를 피곤하게 해서는 안 된다.

▪ 직접 방문 대신 축하카드, 편지, 전화 등으로 대신할 수 있으며, 특히 축하편지나 카드를 받은 쪽에서는 반드시 답신을 하는 것이 매너이다.

▪ 출산을 축하하기 위해서 서양에서는 여성 친구들이 베이비 샤워(baby shower)라는 파티를 해주며, 이때는 간단한 아기용품을 선물한다.

7장

3. 생 일

생일은 매년 돌아오는 행사이지만 항상 중요하게 여겨진다. 특히 우리나라에서는 생일에 따른 중요한 행사들이 많으므로 잘 알고 지내야 한다.

▪ 생일은 자신이 태어난 날로서 상당히 의미가 있으며, 낳아주신 부모님께 감사하는 마음을 전하는 것이 중요하다.

▪ 생일은 가정의 큰 연중행사로서 가족 및 친구, 친지들이 생일을 맞는 사람의 건강과 장래를 빌어주며 축하를 하게 된다.

표 7-2 연령에 따른 생일 명칭

20세: 약관(弱冠)
30세: 이립(而立)
40세: 불혹(不惑)
50세: 지명(知命)
60세: 육순(六旬) 이순(耳順)
61세: 회갑(回甲), 환갑(還甲)
62세: 진갑(進甲)
70세: 고희(古稀), 칠순(七旬)
80세: 팔순(八旬)
90세: 졸수(卒壽), 구순(九旬)
99세: 백수(白壽)
100세: 학수(鶴壽), 백수(百壽)

- 직접 방문하여 축하하지 못하는 경우 카드나 명함을 보내며, 이 경우 컴퓨터 등을 이용한 것보다는 자신이 자필로 직접 써서 보내는 것이 훨씬 의미가 있다.
- 우리나라에서는 연령에 따라 생일의 명칭이 다르다.
- 생일을 기념하기 위한 큰 잔치를 하는 경우도 많이 있다. 특히 우리나라는 생일 중에서도 돌, 회갑, 칠순 등을 중요하게 생각한다.

  - 아기가 태어난 지 1년째 되는 첫 번째 생일을 돌이라고 하여 이를 축하하기 위해 돌잔치를 한다. 요즈음은 가정에서보다는 음식점을 이용하여 축하 잔치를 하게 되는데, 이때 돌상차

림이 차려지고 돌잡이 행사를 하게 된다. 하객으로 참여할 경우 아기의 미래에 대해 기원해 주고 덕담을 하며, 아기를 위한 선물을 준비해 간다.

- 61세(만 60세) 생일은 회갑, 환갑이라 하여 회갑연을 하기도 한다. 하지만 요즘은 평균 수명의 연장으로 회갑연보다는 70세를 축하하기 위한 고희연을 많이 한다. 행사에 초대될 경우에는 축의금이나 간단한 선물 등을 준비해 가도록 한다.

4. 문 병

지인이나 친척들의 병문안을 갈 경우 문병에 대한 기본 매너를 알고 가도록 한다.

▪ 병문안은 상대방이 아픈 것을 알게 된 후 가능한 빠른 시일 내에 다녀오는 것이 좋다.

▪ 갈 때는 사전에 환자의 상태 및 병명 등을 정확히 알고 가야 한다. 간혹 환자가 병문안을 원하지 않는 경우도 있으므로 이때는 방문하지 않는다.

▪ 병문안 시 환자의 상태가 심각할 경우는 환자를 꼭 만날 필요는 없고 환자를 대신하여 가족에게 빠른 쾌유와 위로의 말을 전하고 돌아온다.

▪ 만일 병원에 입원했을 경우는 병원의 환자 면회시간을 지키도록 하며, 문병 시 20분 정도를 넘기면 환자가 피곤함을 느낄 수도 있으므로 자제한다. 하지만 문병 시간이 너무 짧다면 의무적으로 보일 수도 있으므로 주의한다.

▪ 문병을 하기 위해 간단한 선물을 준비하는 것이 좋으나 환자의 병의 종류나 병원에 따라 규제하는 선물도 있으니 주의한다. 대부분 문병을 갈 때는 꽃이 가장 무난하지만 향기가 진한 꽃이나 특별히 병원에서 제재하는 경우에는 삼간다. 특히 호흡기 질환을 가진 환자에게는 꽃을 가져가지 않는다.

▪ 문병 시 환자를 만나서는 환자의 상태가 좋지 않음을 나타내는 표현은 위로가 될 수 없으므로 하지 않도록 한다.

5. 조 문

조문을 하는 것은 초상을 당한 상주에게 위안을 주며, 고인을 애도하는 의미 있는 행위로서 조문에 대한 매너를 알고 참여하는 것이 바람직하다.

▪ 일단 초상이 나면 상제는 고인의 친지와 상제의 가까운 주변 사람들에게 상을 당했다는 소식인 부고(부음)를 낸다. 여기에는 장례일자와 장지, 연락처가 쓰여 있으며, 또한 조문객

이 쉽게 찾아올 수 있도록 장례식장의 주소, 전화번호, 약도 등이 기재되어 있다.

- 주변의 가까운 사람의 사망 소식을 듣는다면 즉시 찾아가서 애도의 뜻을 전하고 장례 절차를 도와주도록 한다.
- 장례식장을 이용하는 경우가 대부분이므로 조문 시간은 따로 구애 받지 않는다.
- 조문 절차는 약간씩 상이하기는 하나 가장 매너 있는 순서 및 방법을 제시하면 다음과 같다.[67]

① 상가에 도착한다.

조문객은 부고를 받고 조문을 하기 위해 상가를 찾는다.

② 호상소에서 조객록(고인이 남성일 경우)이나 조위록(고인이 여성일 경우)에 성명, 주소 등을 기록한다. 이를 통해 장례가 끝난 후에 유족들은 인사의 글을 보낸다.

③ 영좌에 배례한다.

- 만일 향을 사를 경우는 영좌의 위치에 따라 앉거나 서서 하도록 하며, 향에 불을 살린 후 손으로 부채질을 해서 끄도록 한다. 만일 향 대신 꽃을 놓을 경우는 꽃줄기의 방향이 영좌 쪽을 향하도록 올려놓는다.

- 공수의 자세는 흉사 때의 공수의 자세를 취한다. 남자의 경우 오른손이 왼손의 위로 올라가도록 맞잡으며, 여성의 경우는 왼손이 오른손의 위로가게 잡는다.

- 영좌에 절을 할 경우는 큰절을 2번 하며, 만일 경례로 대신할 경우는 큰경례를 1번 한다.

7장

표 7-3 축하 · 위로 인사말

경조사	대 상		인 사 말
결혼식	본인, 부모		축하합니다.
출 산	산모, 산모 남편		축하합니다. 순산하셨다니 반갑습니다.
생 신	본인		축하합니다. 더욱 건강하시기 바랍니다.
문 병	본인	들어갈 때	좀 어떠십니까, 얼마나 고생이 되십니까?
		나올 때	몸조리 잘하십시오. 빨리 나으시길 빌겠습니다.
	보호자	들어갈 때	좀 어떠십니까? 얼마나 걱정이 되십니까?
		나올 때	빨리 나으시길 빌겠습니다.
조 문	조문객		삼가 조의를 표합니다. 얼마나 상심이 크십니까?

*출처: 김득중 외(1998), 『사회생활과 예절』, 교문사, p. 217.

④ 상제와 맞절한 후 상제를 위로한다.

-조문객이 먼저 영좌에 절이나 경례를 한 후 옆으로 몸을 돌려 상제 쪽을 향해 서면 상제들이 먼저 평절 또는 평경례를 한다. 이때 조문객도 맞절을 하게 된다.

- 상제들에게는 “얼마나 상심이 크십니까” 등의 위로의 말을 전하도록 한다. 문상을 위한 방문은 남편이 사망하면 부인에게, 부인이 사망하면 남편에게, 부모가 사망하면 자식에게, 자식이 사망하면 부모에게 조의를 표한다.

⑤ 호상소에서 조의금이나 물품을 전달한다.

⑥ 간단한 다과를 접대 받게 된다.

경조사 봉투 쓰는 요령

· 우리나라 사람들은 축의금, 조의금 모두 흰 봉투를 사용한다. 하지만 간혹 문화권이 다른 나라에서는 결혼식에 흰 봉투를 쓰는 것이 상당히 매너에 어긋난 행동일 수 있다. 특히 중국의 경우 흰 봉투는 죽음을 의미한다.

· 글씨는 검정색 펜을 이용하여 자필로 쓰는 것이 좋으며, 시중에 겉봉투에 인쇄되어 나온 것을 쓰는 것은 성의 없어 보이므로 삼간다.

· 현금은 되도록 깨끗한 것으로 준비한다.

· 단자를 쓸 때는 축하나 위로의 내용, 액수, 전달하는 사람이름, 날짜 등을 적으며, 돈을 싸서 봉투에 넣는다.

· 봉투의 앞면에는 결혼식에는 축 결혼(祝 結婚), 축 화혼(祝 華婚)이라고 쓴 봉투를, 장례식에는 부의(賻儀), 조의(弔意)라고 쓰고 봉투 뒷면에는 자신의 이름을 쓴다.

· 봉투는 봉하지 않는 것이 매너이다.

* 출처: 주영애 · 김선주 · 박상욱 · 정병안(2006), 『매너와 이미지 메이킹』, 북카페.

7장

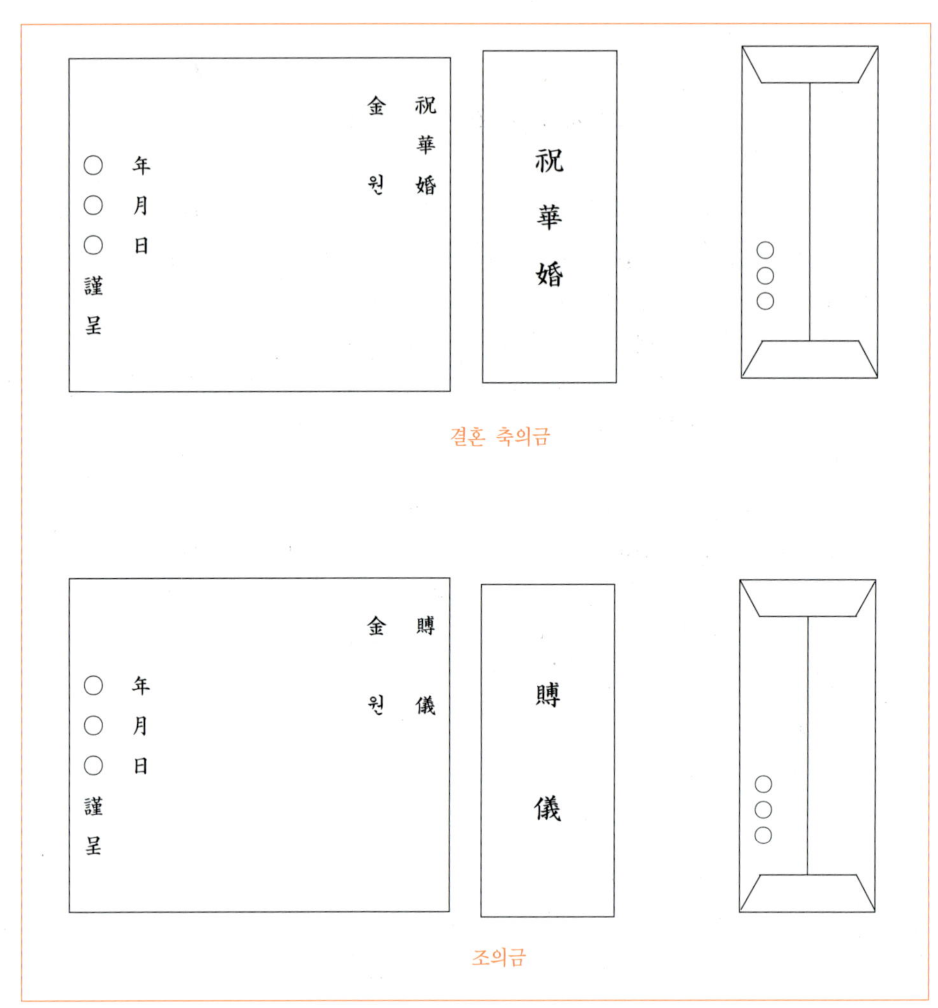

그림 7-1 경조금 단자와 봉투

▪ 문상 시에는 남성은 어두운 색의 옷과 검은색 넥타이를 착용한다. 여성은 검은색 또는 엷은 회색, 짙은 감색을 입으며, 화려한 액세서리나 화장은 삼간다. 상의의 소매는 여름이라도 남녀 모두 긴소매 옷을 입는 것이 원칙이다.

▪ 친분이 두텁거나 가까운 사이의 경우에는 문상 후 밤샘을 해주거나 도와주는 것은 상제들에게 큰 위로가 될 것이다.

▪ 장례를 치른 후에도 유가족들의 슬픔을 위로하기 위해 방문할 수 있는데 이때 오랜 시간 동안 머물러서는 안 되며, 슬픔을 더욱 깊게 하는 말은 삼간다.

▪ 유가족들은 조문에 대한 감사의 뜻을 인사의 글로써 보내도록 한다.

CHECK

1. 결혼식에 참석할 경우 기본 매너를 설명해 보시오.
2. 우리나라의 생일에 대한 명칭을 알아보시오.
3. 문병 시 주의할 점을 이야기해 보시오.
4. 매너 있는 조문방법을 설명해 보시오.
6. 경조사와 관련하여 방문 시 적절한 인사말을 생각해 보시오.
5. 매너 있게 경조사 봉투를 써 보시오.

8장

공공장소 매너

1. 길거리에서의 매너
2. 계단, 에스컬레이터, 복도에서의 매너
3. 엘리베이터 이용 매너
4. 교통 매너
5. 공중 화장실 이용 매너
6. 공연 관람 매너

1. 길거리에서의 매너

우리는 길거리를 다니면서 수많은 사람들과 접하게 된다. 이 경우 의식하지 못한 채 다른 사람에게 불쾌감을 주는 행동을 하는 경우가 종종 있다. 어떤 경우는 매너를 잘 몰라서 그렇게 하기도 하며, 또 어떤 경우는 어떻게 행동하는 것이 다른 사람을 배려하고 매너를 지키는 것임을 알면서도 자신의 편리함과 편안함만을 추구하고자 다른 사람을 불쾌하게 하기도 한다. 따라서 많은 사람들이 더불어 사는 사회인만큼 공공생활에 있어 매너를 잘 지키려는 노력이 필요하다.

- 여러 명이 함께 나란히 서서 걸어가는 것은 다른 사람의 통행에 지장을 주므로 자제하도록 한다.
- 길거리에 음식을 들고 다니면서 먹는 것은 삼간다.
- 길거리에서 우연히 아는 사람을 만났더라도 다른 사람의 통행에 지장을 주지 않도록 한쪽 옆으로 비켜서서 이야기하도록 한다.
- 공공장소에서 큰소리로 멀리 있는 사람의 이름을 부르지 않도록 한다.
- 길에서 담배를 함부로 피우는 것은 삼간다.
- 길에다 침이나 껌, 휴지 등을 버려서는 안 된다.
- 길에서 다른 사람으로부터 질문을 받거나 도움을 요청 받았다면 친절하게 자신이 아는 대로 안내하거나 도와주도록

한다. 성의 없이 고갯짓을 하거나 못 들은 척하는 행동은 삼간다. 만일 자신이 그 질문에 대해 잘 모를 경우는 "죄송하지만 저도 잘 모르겠습니다" 등으로 미안함을 표현한다.

▪ 남성과 여성이 함께 길을 걸을 경우에는 여성을 우측에서 걷도록 하는 것이 매너이다. 하지만 우측에 차도가 있을 경우는 남성이 차도 쪽에 서며, 만일 동성끼리 걷는다면 연하자가 차도 쪽에 선다.

▪ 길을 가다가 다른 사람과 부딪치지 않도록 주의하며, 만일 부득이하게 다른 사람과 부딪쳤을 경우에는 "미안합니다"라고 반드시 사과해야 한다.

▪ 길거리에서 우산이나 물건 등을 휘두르면서 다니지 않는다.

▪ 횡단보도에서 길을 건널 때는 신호가 바뀌기 전에는 차도로 나와 있지 않으며, 신호가 바뀌더라도 달리는 차가 없는지를 정확히 보고 건너도록 한다.

▪ 횡단보도를 걸을 때는 잡담이나 다른 행동을 하지 말고 빨리 걷는다.

▪ 연장자 앞을 급하게 먼저 지날 경우는 "미안합니다" 혹은 "죄송합니다"라고 말한 후에 먼저 앞으로 간다.

2. 계단, 에스컬레이터, 복도에서의 매너

계단이나 에스컬레이터, 복도 등에서 지켜야 할 매너를 보면 다음과 같다.

- 만일 계단에서 다른 사람과 마주치는 경우에 남성은 여성이나 상급자가 먼저 지나가도록 하며, 이에 대해 상대방은 감사의 마음을 표현해야 한다.
- 계단은 좌측을 이용해서 통행하도록 한다.
- 계단을 올라갈 때는 남성이 먼저 올라가며, 내려갈 때는 여성이 먼저 내려가도록 한다. 하지만 만일 계단이 급경사이거나 미끄러울 경우에는 남성이 먼저 내려가면서 “계단이 위험하니 먼저 앞서겠습니다”라고 한다.
- 계단에서 다른 사람을 추월하는 등의 행동은 다른 사람에게 불쾌감을 줄 뿐 아니라 매우 위험하므로 삼간다.
- 계단이나 에스컬레이터에서는 어린이들이 장난을 하지 않도록 주의시킨다. 간혹 어린이들의 장난으로 큰 사고가 유발되는 경우도 있으므로 주의시킨다.
- 에스컬레이터를 이용할 경우 올라갈 때는 여성이 먼저 타며, 내려올 때는 남성이 먼저 타고 한 걸음 먼저 내려온다.
- 에스컬레이터 이용 시 두 사람이 손을 잡는 행동은 삼가고 급한 사람을 위해 왼쪽을 비워둔 채 한 줄로 서서 이용한다.

▪ 에스컬레이터 이용 시 반드시 손잡이를 잡고 이용하도록 한다.

▪ 복도를 다닐 때 구두 소리 등이 나지 않도록 한다.

▪ 문을 열고 닫을 때는 주위를 살펴보고 뒷사람을 위해 문을 잡아준다.

▪ 회전문을 열고 닫을 경우 뒷사람이 다칠 수도 있으므로 천천히 열고 닫아야 한다. 만일 회전문이 자동일 경우는 회전문을 손으로 만지면 정지하게 되므로 주의하도록 한다.

3. 엘리베이터 이용 매너

고층 건물이 많아지면서 엘리베이터를 이용하는 경우가 많아졌으므로 이에 대한 매너를 잘 알고 지키며, 아울러 간혹 안전사고가 발생하는 경우도 있으므로 주의하도록 한다.

▪ 승무원이 있을 경우는 승무원이 버튼을 눌러주므로 손님이나, 상급자, 연장자 등이 먼저 타고 내리도록 한다. 하지만 승무원이 없고 안내자가 있을 경우는 안내자가 먼저 타고 내려서 다른 사람들이 안전하게 타고 내릴 수 있도록 도와준다.

▪ 엘리베이터의 문이 열리면 먼저 안에 있는 사람들이 내린 후 한 줄로 서서 타도록 한다.

- 엘리베이터 안에서는 문 쪽을 보고 선다.
- 엘리베이터 안에 승무원이 없는 경우에는 버튼에서 멀리 있는 사람들의 내릴 층의 버튼을 가까운 곳에 있는 사람이 눌러 주도록 한다.
- 엘리베이터 허용 중량 초과로 경고 벨이 울리면 입구에 선 젊은 사람부터 내리도록 한다.
- 엘리베이터를 탈 때는 음료수나 아이스크림 등을 들고 타지 않는다. 다른 사람의 옷에 묻힐 수도 있으므로 절대 삼간다.
- 아이들을 데리고 탈 경우는 엘리베이터 안에서 뛰지 않도록 주의시킨다.
- 엘리베이터 등 공공장소에는 애완견을 데리고 다니지 않는다.
- 큰소리로 말하거나 말을 많이 하지 않도록 한다.

8장

4. 교통 매너

1) 버스, 지하철 이용 매너

버스나 지하철 등에서 지켜야 할 기본 매너를 알아보도록 한다.

▪ 버스나 지하철을 탈 때는 한 줄로 서서 타도록 한다. 특히 지하철은 대기선이 있으므로 안전하게 대기선을 지키도록 한다.

▪ 항상 내리는 사람이 먼저 내린 후 타도록 한다. 좌석을 차지하기 위하여 사람들이 내리기도 전에 타는 행동은 삼간다.

▪ 남성과 여성이 동행할 경우에는 여성이 먼저 타도록 도와주어야 하며, 내릴 때는 남성이 먼저 내려 뒤에 내리는 여성을 도와준다.

▪ 여성 전용칸에는 남성들의 탑승을 금한다.

▪ 노인, 임산부, 어린이, 장애인 등에게는 자리를 양보한다. 또한 지하철의 노약자석은 비어 있더라도 일반인이 앉지 않는다.

▪ 버스나 지하철에 음료나 먹을 것을 가지고 타지 않는다.

▪ 혼잡한 경우 발을 밟히거나 누가 밀치더라도 되도록 화를 내지 말고 이해하도록 하며, 만일 자신이 상대방에게 이와 같은 실수를 했다면 반드시 "미안합니다"라고 정중하게 사과를 한다.

▪ 너무 시끄럽게 이야기하지 않는다.

▪ 휴대폰의 벨은 진동으로 하고, 만일 통화할 경우라면 입을 가리고 목소리를 낮춘다.

▪ 신문은 반으로 접어서 본다.

▪ 신발은 벗지 않도록 한다.

▪ 지하철에서는 다리를 꼬거나 벌리고 앉는 행동은 삼간다.

▪ 맞은편 사람을 뚫어지게 쳐다보지 않는다.

▪ 여성들은 지하철이나 버스에서의 화장을 자제한다.

- 애완동물을 데리고 타지 않는다.
- 지나친 애정행각은 삼간다.

2) 자동차, 기차 이용 매너

(1) 자동차

자동차 관련 매너는 안전과도 연결되므로 자동차와 관련된 기본 매너뿐 아니라 주행 시, 그리고 주차 시에 지켜야 할 매너까지 잘 알고 행동하도록 한다.

- 자동차의 경우 버스와 마찬가지로 남성과 여성이 함께 탈 때는 여성이 먼저 타고 차에서 내릴 때는 반대로 남성이 먼서 내려서 여성을 도와준다.
- 남성은 노약자나 여성이 내릴 수 있도록 자동차 문을 열어 준다.
- 자동차를 탔을 경우 반드시 안전벨트를 한다.
- 아이들을 동반할 경우는 절대로 앞자리에 앉혀서는 안 된다. 또한 어린아이일 경우는 어린이 연령과 체중에 적합한 자동차 시트에 태우도록 한다.
- 운전자는 주행 시 휴대폰을 사용하지 않는다. 이는 사고의 원인이 될 수 있으므로 삼간다.
- 자동차 내에서도 상석이 있는데, 만일 운전기사가 있을 경우 운전기사 옆의 뒤쪽 창가에 있는 좌석이 상석이 되며, 그 다음은 왼쪽 창가, 그리고 가운데이며, 운전자 옆은 제일

8장

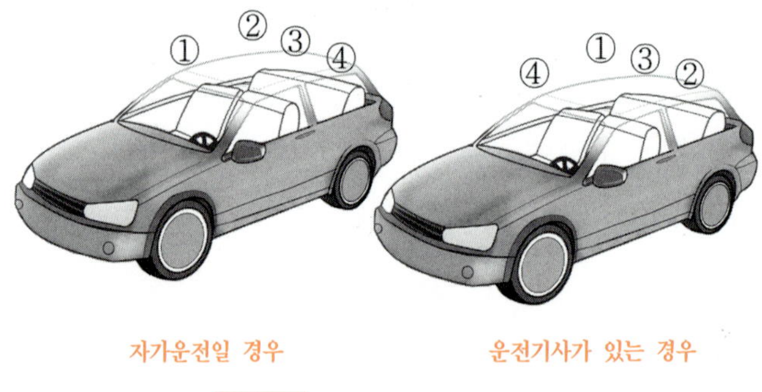

그림 8-1 자동차 내에서의 상석

하석이다. 하지만 자가 운전일 경우는 운전자 옆이 상석이 된다.

- 뒷좌석에 3인이 탑승할 경우 뒷좌석 한가운데 여성을 앉히는 것은 금한다.
- 자가 운전 시 배우자가 탈 경우는 운전자의 바로 옆 좌석에 앉는다.
- 회사 차를 타고 업무를 볼 경우 일반 사원은 운전석 옆에 앉아야 한다.
- 자동차를 운전할 경우에는 과속하지 않도록 주의한다. 도로마다 제한 속도가 다르므로 확인한 후 주행하도록 한다.
- 운전 시 무리하게 앞의 차를 추월하는 행동은 삼간다.
- 신호대기 시에는 신호가 정확히 바뀌는 것을 확인한 후에 출발하도록 한다.
- 주차 시 지정된 주차선 안에 정확히 주차하도록 한다. 특히 자신의 편리함만을 추구하여 대충 주차선을 무시하고 세우는

경우가 있는데, 이로 인하여 다른 사람이 주차하기 곤란하거나 차를 세울 수 없는 상황이 발생하므로 주의하도록 한다.

- 만일 이중 주차를 해야 할 경우라면 반드시 기어가 중립에 되어 있는지, 그리고 사이드 브레이크가 풀어져 있는지를 확인한다.

(2) 기 차

- 기차의 출입구나 통로를 막아 다른 사람의 통행을 막는 행동은 삼간다.
- 기차 내에서 휴대폰 벨을 크게 울리거나 또는 큰소리로 통화해서는 안 되며, 되도록 전화는 지정된 장소에서만 해야 한다.
- 큰소리로 웃거나 떠드는 행동은 다른 사람에게 방해가 되므로 조심하도록 한다.

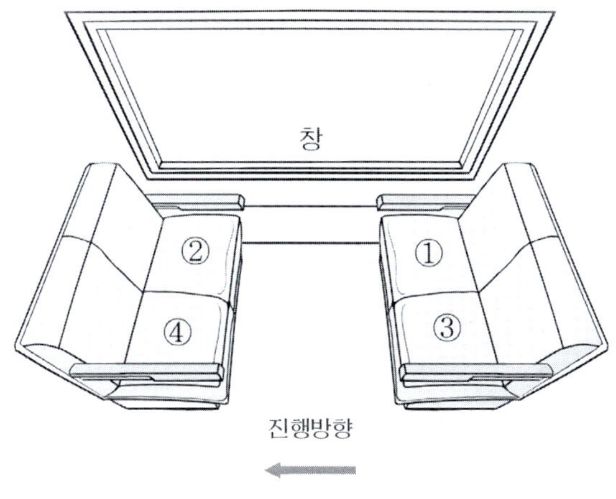

그림 8-2 기차 내에서의 상석

▪ 쓰레기를 바닥에 아무렇게나 버리거나 또는 계속 먹기만 하는 것은 다른 사람에게 불쾌감을 줄 수 있으므로 자제한다.

▪ 두 사람이 같이 앉는 좌석에서는 창가 쪽이 상석이 되며, 네 사람 또는 여섯 사람이 마주보는 좌석에서는 기차가 진행하고 있는 방향의 창가 좌석이 가장 상석이 된다.

5. 공중화장실 이용 매너

▪ 화장실에서는 문 앞에 바로 서있지 말고 화장실 입구에 차례로 줄을 서서 들어간다.

▪ 공중 화장실의 경우 혼자 사용하는 장소가 아니므로 서로 청결하게 쓰도록 노력한다. 특히 침 등을 아무 곳에 뱉거나 하는 등의 행동은 자제한다.

▪ 화장실 문에 다른 표시가 없고 문이 닫혀 있다면 반드시 사람이 있는지 노크하고 들어간다.

▪ 화장실 안에 들어가서는 반드시 문고리를 잠그도록 한다.

▪ 변기는 깨끗이 사용하며, 생리대는 반드시 휴지로 싸서 지정된 휴지통에 버린다.

▪ 사용 후에는 반드시 물을 내리도록 한다.

▪ 옷매무새는 완전히 정리한 다음에 나오도록 한다.

화장실의 종류

W.C.(water closet): 수세 변소

Toilet: 화장실

Rest room: 백화점이나 극장 등의 화장실. 휴게실로서도 쓰임.

Powder room: 고급 레스토랑 등에 있는 여성용 화장실로 럭셔리하게 꾸며 놓음.

*출처: 이정우 외(2006), 『국제매너와 생활매너』, 양서원, p.315.

6. 공연 관람 매너

여가시간의 확대로 문화생활을 즐기려는 사람들이 많아지면서 공연을 관람하기 위하여 공연장을 찾는 경우가 많이 있다. 하지만 관람 매너의 부재로 인하여 공연에 방해가 되거나 다른 사람에게 불쾌감을 주는 경우가 종종 있다. 따라서 매너를 알고 공연장을 찾음으로써 한층 수준 높게 공연을 감상할 수 있도록 해야 한다.

- 공연 시작 10분 전쯤에는 지정된 좌석에 앉도록 한다. 공연 시작 후 좌석을 찾아 들어가는 것은 다른 사람의 감상에 방해가 된다.

▪ 남녀가 함께 갔을 경우 좌석으로 갈 때는 여성을 먼저 가게 하는 것이 매너이며, 만일 안내인으로부터 안내를 받는 경우에는 자신의 좌석이 있는 열까지 남성이 앞장서 가서 여성에게 좌석을 알려주고, 여성을 먼저 앉힌 뒤 착석한다.

▪ 연극, 오페라 등의 공연 관람 시에는 정장을 하고 가도록 한다.

▪ 박스(box)석에서는 앞줄이 여성석이며, 뒷줄은 남성의 좌석이다.

▪ 관람 시에는 옆 사람과 이야기를 나누어서는 안 되며, 또한 머리를 지나치게 많이 움직이거나 껌을 씹어서도 안 된다.

▪ 휴대폰 벨이 울리거나 공연 중에 휴대폰 통화를 하는 것 모두 다른 사람에게 큰 방해가 되므로 공연이 시작 전에 휴대폰을 꺼두도록 한다.

▪ 관람 시에는 어린이는 동반하지 않는다.

▪ 공연장에는 되도록 음식물을 가지고 들어가지 않으며, 만일 영화관 등에서 일부 음식이 허용된다 할지라도 중간에 소리를 내면서 먹지 않도록 한다.

▪ 앙코르를 원할 경우 한두 번 정도 다함께 적당히 박수를 보내며, 휘파람을 불거나 발을 구르는 등의 행동은 삼간다.

▪ 공연이 지루하다고 해서 엎드려 자는 행동은 삼간다.

▪ 공연 중간에 빈 좌석이 있다고 해서 좌석을 마구 이동해서는 안 된다.

박수 매너

- 발레의 경우는 막이 오르고 주역의 인사가 있을 때와 막이 내렸을 때
- 음악회에서는 지휘자나 연주자가 등단했거나 한 곡이 끝났을 때, 마지막 곡이 끝났을 때
- 오페라는 독창이 끝난 후
- 연극 중간에는 명대사나 명연기가 나올 때
- 연극, 음악회 등 공연이 끝났을 때 등

이처럼 상황에 맞게 박수를 치는 것도 현대인이 가져야 할 관람 매너이다.

*출처: 김득중 외(1998), 『사회생활과 예절』, 교문사.

8장

CHECK

1. 계단과 에스컬레이터 이용 시 차이점을 설명해 보시오.
2. 자동차를 탈 경우 상석의 위치를 파악해 보시오.
3. 공중화장실 이용 시 주의할 점을 이야기해 보시오.
4. 공연 관람 시 적절한 박수 매너를 파악해 보시오.

9장

여행 매너

1. 여행의 준비
2. 출입국 절차
3. 비행기 매너
4. 호텔 매너

1. 여행의 준비

글로벌 시대를 맞이하여 수많은 사람들이 외국 여행을 할 기회는 점차 증가하고 있다. 그러므로 여행하기 전에 준비해야 할 내용에 대해 해외여행을 중심으로 알아보도록 한다.

1) 일반적인 준비

- 해외여행 계획을 세우기 위해서는 여행할 나라의 기후, 문화, 법규, 종교, 관습, 국민생활, 건강상 유의할 사항 등에 대해 사전에 정보를 충분히 수집하여야 한다. 특히 방문국이 전염병이나 풍토병 유행 지역인지를 확인하고 사전에 예방접종을 한다.
- 여행할 국가가 안전 위험지역인지를 파악하고 위험지역일 경우는 되도록 방문을 자제한다.
- 현금은 어디서나 사용하기 편하도록 고액권과 소액권을 골고루 준비해 가는 것이 좋다. 하지만 현금은 여행 시 도난의 위험이 있으므로 여행 경비의 30% 이하로 환전하고 2~3곳에 나누어서 몸에 지니고 다니는 것이 좋다.
- 여행자 수표(Traveller's Check or T/C)를 가져갈 경우는 일반은행이나 일부 국책은행의 외국환 취급 점포에서 바꾸도록 한다. 분실에 대비해 여행자 수표의 일련번호를 따로 메모해

9장

두도록 한다.

▪ 여행자수표는 제품을 구입할 때나 남은 것을 다시 원화로 환전할 때도 현금보다 경제적이다. 또한 본인이 아니면 사용이 불가능하므로 분실시 위험이 덜하며, 만일 분실하더라도 재발행이 가능하다.

▪ 신용카드 중에서 외환기능이 있는 국제 제휴 카드라면 외국에서 모두 사용가능하며, 현금보다 안전하고 식사나 쇼핑 등에 다양하고 편리하게 이용할 수 있다. 하지만 도난, 분실 등에 주의하여야 한다.

▪ 해외에서 신용카드를 사용한 후 신용카드가 불법 복제되어 피해를 입는 경우가 급증하고 있으므로 피해를 줄이기 위해서는 카드사에 해외거래 안전 서비스 즉, 해외에서 카드를 사용하고 귀국한 후에 카드의 해외거래 부분만을 일시적으로 정지시키는 서비스를 이용하도록 한다. 다시 해외에 나갈 때는 해외거래 정지를 해제시킨 후 출국하도록 한다.

▪ 해외 여행자보험은 상해, 질병, 배상책임, 휴대품 손상 등의 사고에 대해 보상 받을 수 있는 보험으로 여행 전에 반드시 가입하고 출발하도록 한다. 해외 여행자보험은 1회용이므로 해외로 출국할 때마다 새롭게 다시 가입해야 한다.

▪ 휴대폰은 해외에서도 자신이 국내에서 사용하고 있는 번호와 동일하게 사용할 수 있도록 로밍서비스를 받도록 한다.

표 9-1 해외여행 준비 체크리스트

준비물	구체적인 내용
여권	해외여행의 필수품이며, 아울러 사진이 있는 1면은 복사해서 여권과 별도로 두고 안전한 방법으로 챙긴다.
비자	방문 목적에 적합한 비자를 발급 받는다. 목적지 국가를 확인한다.
항공권	출국 항공권뿐 아니라 귀국 시 이용할 항공권도 준비한다. 출국과 귀국 날짜, 노선, 유효기간을 확인해 둔다. 복사본을 보관한다.
한국돈	공항세와 입출국 시 왕복 교통비 정도 준비한다.
현지돈	팁이나 교통비, 간식비, 입장료 등의 소액지출용 정도를 환전해 둔다. 하지만 만일 방문국의 화폐로 직접 환전이 안 되는 경우는 US달러로 환전한 후 방문국에 가서 다시 한 번 환선해야 한다.
신용카드	외환기능이 있는 신용카드를 준비해 가도록 한다.
여행자수표	현금과의 비율은 7 : 3 정도가 적당하다.
여행자보험증	개별여행일 경우 사고시를 대비해서 반드시 사전에 가입하고 출국하도록 한다. 만일 패키지여행일 경우는 별도로 챙기지 않아도 된다.
국제운전면허증	렌터카를 이용할 경우 렌터카 시스템과 교통법규를 사전에 조사해 간다.
예비용 사진	여권분실 등 유사시를 대비해서 2 ~ 3장 준비해 간다.
소형계산기	환율계산, 예산산출에 이용하기 위함이다.
비상약품	유사시를 대비해 소화제, 감기약, 설사약, 진통제 등을 준비해 간다.
필기구와 수첩	여권, 여행자수표, 신용카드, 현지 주요기관 등의 전화번호를 적어 간다.
사전, 회화집	개별 여행일 경우는 간단한 것으로 반드시 준비해 간다.

*출처: http://www.0404.go.kr

9장

표 9-2 해외여행 시 위급 사항별 대처 방법

위급 사항	대처 방법
여권 분실	현지 경찰서에 분실신고를 한 후 한국 영사관에서 여행증명서를 발급 받는다. 여권 분실에 대비해 여권 재발급 신청시 필요한 서류(여권번호, 발행연월일, 여권용 사진) 등은 여행 전에 미리 준비해 간다.
수하물 분실	짐을 분실했을 경우에는 예탁할 때 주는 보관증서나 수하물 클레임태그(baggage claim tag)로 분실 센터에 신고하고, 경찰서에서 분실증명서를 받아 둔다.
항공권 분실	자신이 이용한 항공사 대리점에서 분실 신고를 한 후 항공권을 재발급 받는다.
신용카드 분실	해외에서 카드를 분실 또는 도난당했을 경우 즉시 국내 카드사에 신고를 해야 피해를 최소화할 수 있다. 그러므로 여행 전에 카드사들의 연락처를 가지고 가도록 한다.

2) 여 권

해외여행을 하기 위해 가장 먼저 준비해야 될 것이 여권(passport)이므로 여권의 용도 및 발급서류 등을 알아보도록 한다.

▪ 여권은 국적 등 신분을 증명하고 이로써 소지자에 대해 외교적 보호권을 행사할 수 있는 국적 · 국가를 표시하기 위한

것이다. 즉 여권은 국가가 국외로 나가는 자국민의 안전을 상대국에 요청하며, 해외에서 한국인임을 증명하고 보호해 주는 신분증명서이므로 여행 중 항시 휴대하고 분실되지 않도록 유의해야 한다.

▪ 여권의 종류는 복수여권, 단수여권, 관용, 거주(이민)여권 등으로 구분된다.

- 복수여권: 10년 이내의 유효기간을 부여하며, 유효기간 중 횟수에 제한 없이 여행을 할 수 있는 여권이다. 단 18세 미만자 또는 만 18세 이상의 희망자에 대하여는 유효기간 5년의 여권을 발급한다.

- 단수여권: 1년의 유효기간을 부여하며, 이 기간 동안 1회에 한해서만 여행을 할 수 있다.

- 관용, 거주(이민)여권

9장

▪ 일반 여권 신청 시 구비서류는 다음과 같다.

- 여권 발급신청서: 반드시 컬러프린터로 인쇄 후 제출하도록 한다.

- 여권용 사진: 최근 6개월 이내 촬영한 천연색 정면사진으로 되도록 귀 부분을 보이게 하여 얼굴 양쪽 끝부분 윤곽이 뚜렷해야 하며, 어깨까지만 나와야 한다(3.5cm × 4.5cm). 또한 일반 여권의 경우 공적인 신분을 나타내는 제복 착용의 복장은 불가하며, 외교관·관용여권일 경우에만 허용한다.

- 주민등록증 등을 준비하여 신청서, 사진과 함께 제출하여

여권을 발급받는다.

▪ 만일 외국에서 여권을 분실하였을 경우 임시로 귀국하기 위하여 TC 여권(Travel Certificate Passport)을 만든다. 이는 귀국할 때 한 번만 사용가능하며, 다시 여권을 만들 때에는 반드시 TC 여권은 폐기하고 난 다음 여권을 발급받아야 한다.

3) 비 자

▪ 비자(VISA)는 방문하고자 하는 국가의 정부에서 입국을 허가해 주는 일종의 허가증이다.

▪ 우리나라는 많은 나라와 비자 면제협정을 맺고 있어 단기간의 여행이나 출장일 경우는 비자를 따로 받지 않아도 되는 경우가 많다. 하지만 짧은 기간 동안의 여행이라도 비자가 반드시 필요한 국가도 있으므로 정확히 확인하여 출국 전에 준비하도록 한다. 또한 체류 목적에 따라서도 비자의 종류가 다르게 발급되므로 정확히 준비하도록 한다. 장기간의 여행이나 유학일 경우에는 반드시 비자를 받아야 한다.

▪ 비자의 신청은 여권과 비자 신청서, 비자용 사진 2매를 가지고 여행 대상국의 대사관이나 영사관에서 신청한다.

▪ 비자의 종류는 입국 횟수에 따라 단수비자와 복수비자로 구분되며, 입국 목적에 따라 업무비자, 방문비자, 학생비자, 이민비자 등으로 구분된다.

2. 출입국 절차

출입국 절차는 전 세계의 국제공항이나 해양터미널에서 공통적인 절차로 진행되고 있으므로 여행 시 기본적인 출입국 절차를 알아두어야 한다.[91)]

1) 출국 절차

해외여행을 위한 출국 절차는 공항이용권 구입 및 출국 신고서 작성 → 항공사 탑승 수속(탑승권 교환, 수하물 위탁) → 세관 신고 → 보안 검사 → 출국 심사 → 탑승 대기 후 탑승(출국)의 순으로 이루어진다.

(1) 공항이용권 구입 및 출국신고서 작성

▪ 출국하기 2시간 전쯤에 공항에 도착해서는 공항이용권 구입 및 출국신고서를 작성한다.

(2) 항공사 탑승 수속(탑승권 교환, 수하물 위탁)

▪ 해당 항공사 카운터로 가서 여권, 항공권을 제시하고 탑승권으로 교환하고 짐을 부친 후 수하물표(baggage claim tag)를 받는다. 비행 중 짐을 분실했을 경우에는 수하물표를 이용하여 찾거나 보상받을 수 있으므로 수하물을 찾을 때까지 잘 보관한다.

▪ 수하물을 무료로 위탁할 수 있는 기준은 항공사, 좌석 등급별 · 노선별로 상이하므로 미리 확인하도록 한다.

▪ 기내 반입할 수 있는 짐의 크기도 항공사나 좌석등급별로 기준에 차이가 있으나, 보통 일반석에 적용되는 수하물의 크기는 가로, 세로, 폭의 합이 115cm 이하며, 10 ~ 12kg까지이다.

(3) 세관 신고

▪ 항공사 탑승 수속이 끝나면 출국장을 통해 들어가서 먼저 세관 신고를 한다. 고가의 물품 즉 고가의 카메라나 귀금속 등은 미리 세관에 신고해야 입국 시 세금을 면제받을 수 있다.

(4) 보안 검사

▪ 만일 세관 신고할 것이 없는 사람은 직접 보안 검색대를 통과한다.

▪ 보안 검사에서는 출국자가 항공기나 다른 승객의 안전을 침해할 우려가 있는 물품 소지 여부를 확인하게 된다. 특히 최근에는 우리나라 공항에서 출발하는 모든 국제선 항공편에 대해 액체, 젤류 및 에어로졸까지도 객실 내 휴대 반입을 제한하고 있다.

(5) 출국 심사

▪ 출국심사대 앞에 노란색의 대기선이 있으므로 자신의 차례가 올 때까지 기다린다.

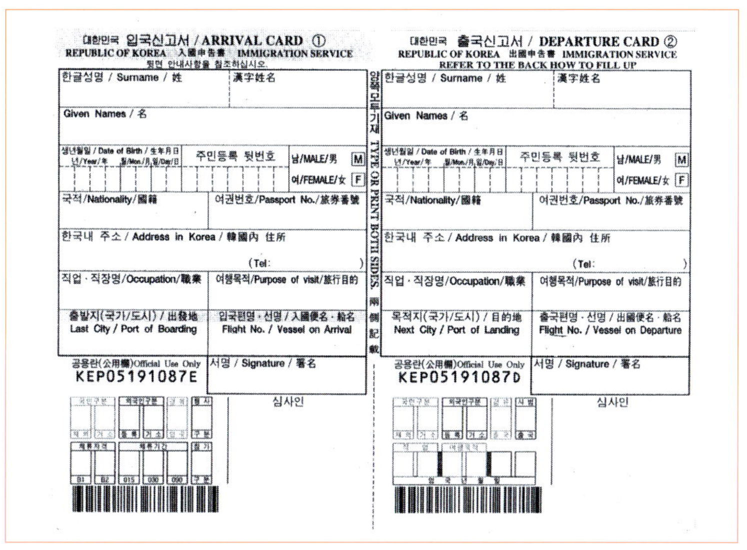

대한민국 입국신고서 / ARRIVAL CARD ①
REPUBLIC OF KOREA 入國申告書 IMMIGRATION SERVICE
뒷면 안내사항을 참조하십시오.

한글성명 / Surname / 姓 | 漢字姓名
Given Names / 名
생년월일 / Date of Birth / 生年月日 년/Year/年 월/Mon./月 일/Day/日 | 주민등록 뒷번호 | 남/MALE/男 M | 여/FEMALE/女 F
국적/Nationality/國籍 | 여권번호/Passport No./旅券番號
한국내 주소 / Address in Korea / 韓國內 住所 (Tel:)
직업 · 직장명/Occupation/職業 | 여행목적/Purpose of visit/旅行目的
출발지(국가/도시) / 出發地 Last City / Port of Boarding | 입국편명 · 선명 / 入國便名 · 船名 Flight No. / Vessel on Arrival
공용란(公用欄)Official Use Only KEP05191087E | 서명 / Signature / 署名
심사인

양쪽 모두 기재 TYPE OR PRINT BOTH SIDES. 兩側記載

대한민국 출국신고서 / DEPARTURE CARD ②
REPUBLIC OF KOREA 出國申告書 IMMIGRATION SERVICE
REFER TO THE BACK HOW TO FILL UP

한글성명 / Surname / 姓 | 漢字姓名
Given Names / 名
생년월일 / Date of Birth / 生年月日 년/Year/年 월/Mon./月 일/Day/日 | 주민등록 뒷번호 | 남/MALE/男 M | 여/FEMALE/女 F
국적/Nationality/國籍 | 여권번호/Passport No./旅券番號
한국내 주소 / Address in Korea / 韓國內 住所 (Tel:)
직업 · 직장명/Occupation/職業 | 여행목적/Purpose of visit/旅行目的
목적지(국가/도시) / 目的地 Next City / Port of Landing | 출국편명 · 선명 / 出國便名 · 船名 Flight No. / Vessel on Departure
공용란(公用欄)Official Use Only KEP05191087D | 서명 / Signature / 署名
심사인

그림 9-1 출입국 카드(대한민국)

▪ 여권, 입 · 출입 카드, 탑승권을 제시하면 여권에 도장을 찍어주고 입국카드는 되돌려 준다. 입국 카드는 잘 보관하였다가 입국 시 다시 제출하면 된다. 하지만 자국민은 우리나라 안에서 입 · 출국 카드가 생략된다.

(6) 탑승 대기 후 탑승(출국)

▪ 탑승 대기를 하며, 이때부터는 면세점을 이용해도 무방하다.

▪ 탑승은 항공기가 출발하기 전 30분 전에 시작되며, 10분 전에 탑승 마감이 되므로 늦지 않도록 항공권에 적혀 있는 게이트로 간다.

2) 입국 절차

입국하기 위한 절차는 검역질문서, 입국신고서, 세관신고서 작성(기내에서) → 검역 → 입국 심사 → 수하물 찾기 → 세관 검사 → 입국의 순으로 이루어진다.

(1) 검역 질문서, 입국 신고서, 세관 신고서 작성

- 검역 질문서는 우리나라의 경우 황열, 콜레라, 페스트 오염지역으로부터 입국하는 승객, 승무원은 반드시 작성하여 제출하므로 기내에서 미리 작성해 놓는다.
- 입국 신고서는 우리나라 내국인은 생략한다.
- 세관 신고서는 기내에서 미리 작성을 해서 가지고 나온다. 세관 신고서는 신고물품이 없더라도 우리나라로 입국하는 모든 여행자가 작성하여 제출해야 하며, 만일 가족과 함께 입국할 경우는 가족당 1장만 작성한다.

관세청
전자통관시스템
관세청 전자통관시스템 UNI-PASS

여행자(승무원)세관 신고서

성 명		직업	
주민등록번호		국적	
여행목적	□관광 □사업 □친지방문 □공무 □교육 □기타		
항공편명		여행기간	일

한국 입국전 방문 국가들
1. 2. 3.

한국내 주소 :
연 락 처 ☎ ( )

※ 한 가족(직계)당 대표로 1인이 신고가능(동반가족수 명)

세관신고 사항

※ 아래 질문에 대하여 해당란□ 에 "√"표시하시기 바랍니다.

휴대품에 관한 사항

▶ 다음 물품을 가지고 있습니까?	있음	없음
1. 총포 · 도검 · 석궁 등 무기류 · 실탄 및 화약류 · 유독성 또는 방사성 물질	□	□
2. 아편, 헤로인, 코카인, 히로뽕, MDMA, 대마 등 마약류 및 살빼는 약 등 법에 접촉될 수 있는 약품류	□	□
3. 동 · 식물 · 과일채소류 등 식품 또는 그 재료	□	□
4. 멸종위기에 처한 야생동물 및 이들로 만든 제품(호랑이, 코브라, 거북, 악어, 산호, 웅담, 사향 등)	□	□
5. 위조상표 부착물품 등 지적재산권 침해물품	□	□
6. 위조지폐 및 위 · 변조된 유가증권	□	□
7. 음란물등 미풍양속을 저해하는 물품	□	□
8. 미화1만불 상당을 초과하는 외화, 원화, 유가증권	□	□
9. 판매 목적으로 반입하는 물품, 긴급수리 물품 · 견본품 등 회사용품, A.T.A까르네 물품	□	□
10. 휴대품 면세 허용범위를 초과한 물품	□	□
11. 다른사람의 부탁으로 대리 운반하는 물품	□	□
12. 기타 신고여부에 의문이 있는 물품이나 사항	□	□

이 신고서의 내용은 사실과 같습니다.
년 월 일
신 고 인: (서명)

473-00911민 85mmX210mm '06. 9. 5.개정 일반용지120g/㎡

그림 9-2 여행자 세관 신고서

(2) 검 역

▪ 항공기에서 내리면 먼저 검역 절차를 밟아야 하는데 보통 사람은 이 절차가 면제되지만, 황열, 콜레라, 페스트 오염 지역으로부터 입국하는 승객이나 승무원 등은 검역질문서를 작성한 후 제출해야 한다. 또한 여행 기간 동안 설사, 구토, 발열, 복통 등의 증세가 나타난 경우도 입국 시 신고해야 한다.

▪ 동물이나 식물을 반입하고자 할 때는 검역을 받아야 한다.

(3) 입국 심사

▪ 출국 때와 마찬가지로 심사대 앞의 노란색 대기선에 서서 기다린다. 입국신고서(우리나라 내국인 제외), 여권 등을 제시하고 입국 심사를 받는다.

(4) 수하물 찾기

▪ 먼저 자신이 타고 온 항공편을 확인한 후 수하물의 수취대 번호를 확인한다.

▪ 다른 사람의 것과 바뀌지 않도록 주의해서 수하물을 찾는다.

(5) 세관 검사

세관 검사는 면세, 자진신고 등으로 구분되며, 반입품의 면세, 과세가 결정된다. 보통 국가마다 면세의 범위가 다소 상이할 수 있으나 우리나라의 경우 주류 1병, 담배 200개비, 향수 2온스(60ml 이하로써 1병) 등과 개인용품으로는 의복, 카메라

1대, 약간의 선물은 면세된다. 또한 여행자가 출국할 때 세관에 신고했던 물품에 대해 재반입할 경우 면세된다.

(6) 입 국

3. 비행기 매너

비행기는 좁은 공간에서 여러 사람이 함께 많은 시간을 지내야 하므로 서로 배려하는 마음을 갖고 행동하여 서로 간에 즐거운 여행이 될 수 있도록 한다.

▪ 비행기는 버스나 자동차와는 달리 노약자, 상급자, 여성이 맨 마지막으로 타고 제일 먼저 내린다.

▪ 비행기의 같은 등급 좌석에도 상석은 있으므로 신경 써야 할 일행이 있을 경우 주의하도록 한다. 최상석은 창가 쪽 좌석이며, 그 다음은 통로 쪽, 그리고 최하석은 중간에 끼인 좌석이다.

▪ 무거운 짐은 되도록 수하물로 위탁하고 나머지 간단한 휴대품이나 작은 가방만을 가지고 기내에 타도록 한다. 가지고 탄 짐은 자신의 좌석 선반 위에 떨어지지 않게 조심해서 올려놓는다.

▪ 안전벨트 지시등이 들어오면 기내에서 돌아다니지 말고

좌석에 앉아서 안전벨트를 해야 한다.

▪ 만일 일행이 있는데 좌석이 따로 떨어져 있을 경우는 일단은 자신의 좌석에 앉아 있다가 나중에 이륙한 후 안전벨트 지시등에 불이 꺼지면 상대방에게 양해를 구하고 자리를 바꾸도록 한다. 또한 비어 있는 자리라 할지라도 마구 앉아서는 안 되며 승무원에게 양해를 구하도록 한다.

▪ 기내에서 자주 돌아다니지 않도록 한다. 만일 어린이를 동반하였을 경우 통로를 자주 돌아다니면 위험하고 다른 사람에게도 방해가 될 수 있으므로 주의시켜야 한다.

▪ 기내에는 좌석 선반에 모포와 베개가 준비되어 있으므로 필요시에는 한 개씩만 사용하도록 한다.

▪ 기내에서 간단한 옷차림을 하거나 슬리퍼 등을 신는 것은 괜찮다. 장거리를 갈 경우는 기내에서 슬리퍼나 양말이 제공되므로 신발을 벗고 그것을 대신 신어도 된다. 하지만 맨발은 절대 삼가며, 양말만을 신은 채 기내의 통로를 돌아다니는 것도 삼간다.

▪ 좌석의 등받이를 너무 많이 젖히면 뒷사람에게 실례가 되므로 자신만 편하면 된다는 이기적인 생각으로 등받이를 많이 젖히는 행동은 삼간다.

▪ 기내에서 음료 서비스를 받으면 승무원에게 감사의 말을 전한다. 기내는 기압이 낮아 술이 빨리 취하므로 과음하지 않는다.

▪ 식사 서비스가 시작되면 자신의 등받이를 원래 위치로 해놓아야 한다. 기내식은 통로 쪽에 있는 사람이 받아서 창가

좌석으로 식판을 건네주도록 한다. 식사를 다했을 경우 냅킨으로 먹은 식판을 덮어둔다.

▪ 만일 옆 좌석의 승객과 대화를 하고 싶다면 먼저 자신에 대해 소개하며, 이야기를 나눌 경우 너무 시끄럽게 해서는 안 된다.

▪ 비행기의 좌석은 일등석(first class), 비즈니스석(business class), 일반석(economy class)으로 구분된다. 이 경우 일반석의 승객이 일등석이나 비즈니스석에 있는 승객에게 대화를 나누러 가는 것은 자제한다. 탑승객실이 다른 승객 간에 대화를 하고 싶을 때는 상위 클래스 좌석의 승객이 하위 클래스 좌석으로 가서 이야기한다.

▪ 기내에서 승무원에게 용무가 있을 때, 승무원이 가까이 있을 경우는 눈짓으로 하거나 작은 소리로 부르도록 하며, 먼 거리에 있을 경우는 소리를 크게 내어 부르지 말고 의자 옆 팔걸이 부분에 호출 버튼을 누른다.

▪ 기내의 화장실은 남녀 공용으로 되어 있으며, 문에 사용중(occupied), 비어 있음(vacant) 표시가 되어 있으므로 문을 마구 두드리거나 잡아당기는 등의 행동은 하지 않는다.

▪ 항공기가 이륙한 후에는 휴대폰을 사용해서는 안 된다.

▪ 안전을 위해서 항공기가 완전히 정지할 때까지는 일어서거나 짐을 내리지 않는다.

4. 호텔 매너

경제적 여유와 여가생활에 대한 확대로 여행을 즐기는 사람들이 많아지면서 여행 시 많이 숙박하는 곳인 호텔의 이용매너에 대해 알아볼 필요가 있다.

▪ 호텔은 항상 사전에 예약을 해야만 안전하게 여행을 할 수 있다. 성명, 성별, 연락처, 도착일시, 인원, 비행편명, 지불방법 등을 알려준다. 특히 해외호텔의 경우 예약 접수 시 신용카드 번호를 요구할 것이다.

▪ 호텔의 예약 취소 및 변경의 경우는 사전에 알리도록 한다.

▪ 체크인은 호텔마다 약간 다르지만 보통 정오부터 시작하며, 오후 8~9시 사이에 마감을 하므로 너무 늦거나 너무 빨리 가지 않도록 한다(사전 확인).

▪ 체크인을 하면 벨 보이가 짐을 객실까지 가져다주는데 이때는 팁(tip)을 주어야 한다. 팁은 'To Insure Prompt'의 약자로 신속한 서비스에 대한 대가이다. 특히 서양 호텔이나 식당에서는 팁은 관례처럼 주고 있으므로 상황에 따라 어느 정도를 주어야 하는지 사전에 알아두어야 할 것이다.

▪ 호텔 문을 여는 열쇠는 여러 종류가 있지만 최근에는 카드키로 되어 있는 호텔이 대부분이며, 객실 문을 연 후에는 문 옆에 있는 키 박스에 열쇠를 꽂아야 객실 내 전등이 들어온다.

▪ 욕실을 사용할 때는 욕실 바닥에 물이 튀지 않도록 주의한

다. 특히 샤워를 하기 위해 욕조를 사용할 경우는 욕조에 있는 커튼을 안쪽으로 집어넣고 샤워를 하면 물이 바깥으로 흐르지 않는다.

- 욕실 내에는 타월이 4종류로 비치되어 있는 경우가 대부분이므로 타월별로 용도를 잘 알고 사용하도록 한다. 가장 큰 타월은 샤워 후 몸을 닦거나 감싸는 데 이용하며, 중간크기의 타월은 얼굴 등을 닦는 데 쓰이며, 중간 정도의 두껍고 욕조에 걸쳐져 있는 타월은 발을 닦을 때 이용하며, 세면대 옆에 있는 가장 작은 타월은 샤워 시 비누칠을 할 때 사용한다.
- 욕실 내 수도는 대부분 빨간색과 파란색으로 더운물과 찬물 구분을 하게 만든 경우도 있지만 간혹은 글씨를 써서 표시하기도 하므로 잘 알고 이용하도록 한다. 특히 나라마다 표시가 다르므로 유의하도록 한다. 프랑스에서는 더운물 C(chaud), 찬물 F(froid)로 표시하지만, 미국이나 영국 등에서는 더운물 H(hot), 찬물 C(cold)로 나타낸다.
- 미니바나 냉장고를 이용할 경우 체크아웃 시 별도의 계산을 해야 되며, 시중보다는 많이 비싸므로 유의한다.
- 귀중품은 객실 내에 있는 안전금고가 있으므로 이용하도록 한다.
- 객실 안에서 사용한 전화 통화료는 체크아웃 시 지불한다.
- 객실 간 전화통화료는 무료이다.
- 모닝콜 시스템이 갖추어져 있으므로 교환에게 부탁하거나 전화기 자체 알람을 이용한다.

▪ 객실 내에서 룸서비스를 받아 식사를 하고 싶을 경우는 객실 내 메뉴가 비치되어 있으므로 주문하도록 하며, 이 경우 음식 계산서에 제시된 가격의 15% 정도를 팁으로 주어야 한다.

▪ 객실 안에 있을 경우 누군가 노크를 하면 무조건 문을 열어 주어서는 안 되며, 반드시 보조 체인을 잠그고 문을 열어 신분을 확인하도록 한다.

▪ 호텔 방을 나갈 때는 방안이나 침대 등을 조금 정리해 놓고 방 청소(room clean)를 위한 팁을 침대 옆 테이블이나 베개 밑에 1달러 정도 놓는다. 만일 객실에서 계속 쉬거나 방해 받고 싶지 않을 경우는 객실 문고리에 걸려 있는 'Do not disturb' 카드를 방문 밖 문고리에 걸어 두면 된다.

▪ 객실 밖으로 나갈 때는 반드시 키를 가지고 나가야 한다. 문을 닫는 순간 자동으로 문이 잠기므로 주의한다. 또한 키를 잃어버리면 많은 돈을 변상해야 하므로 보관을 잘하도록 한다.

▪ 객실 밖에서 마치 자기 집처럼 잠옷이나 슬리퍼 등을 신고 다니지 않는다. 또한 호텔 내 식당에 갈 때는 비즈니스호텔인 경우는 정장차림을 하도록 하며, 리조트 호텔인 경우는 반바지 등 간단한 복장을 하고 가도 무방하다.

▪ 로비나 복도에서 여러 사람이 몰려다니며 큰소리로 떠들거나 다른 사람을 부르는 일은 삼가고, 특히 단체 여행 시 한방에 모여 큰소리로 떠들지 않도록 한다.

▪ 호텔의 복도에서 담배를 피우지 않는다.

▪ 체크아웃할 경우 호텔의 비품을 가지고 나오지 않도록

한다.

▪ 호텔에서 규정한 체크아웃 시간을 사전에 알아두고 늦지 않게 나간다.

CHECK

1. 비자(Visa)와 여권(Passport)의 차이점을 설명해 보시오.
2. 공항에서의 출입국 절차를 설명해 보시오.
3. 비행기에서의 주의할 점을 이야기해 보시오.
4. 호텔 이용 시 주의할 점을 알아보시오.

참고문헌

1) 강영숙(1995), 『누구나 알아야 할 생활예절』, 문학아카데미.
2) 강영자·박성옥·손상희·차성란(1999), 『생활문화와 예절』, 교육과학사.
3) 강인호·김약수·정찬종·석미란·허윤정(2001), 『성공적인 국제매너』, 기문사.
4) 금한나(2001), 『이미지와 국제매너』, 한올출판사.
5) 김근종(1998), 『성공하는 사람은 매너가 나르나』, 한올출핀사.
6) 김기숙·한경선(1997), 『음식과 식생활 문화』, 대한교과서.
7) 김기인(2004), 『직장생활과 예절』, 형설출판사.
8) 김기재(2005), 『성공비즈니스를 위한 와인가이드』, 넥서스 Books.
9) 김기재·김주희·돈카롤리·김명진(2002), 『와인을 알면 비즈니스가 즐겁다』, 세종서적.
10) 김덕경·조인순(2005), 『직장인의 예절』, 형설출판사
11) 김득중(1997), 『실천예절개론』, 교문사.
12) ______ 외(1998), 『사회생활과 예절』, 교문사.
13) ______(1999), 『국제생활과 예절』, 교문사.
14) ______(2000), 『가정생활과 예절』, 교문사.
15) 김영준·김윤경(2001), 『예절실무 클리닉』, 대왕사.
16) 김유진(1999), 『생활예절』, 예림출판사.
17) 김은희·김명숙·조주은(2004), 『현대사회와 국제매너』, 두양사.

18) 김외숙 · 이기영(2002), 『가정생활과 관리』, 한국방송통신대출판부.

19) 김자경(1999), 『지구촌 음식 문화 여행』, 자작나무.

20) 김진익(1995), 『세계로 미래로 지구촌 신예절』, 깊은 사랑.

21) 김태정 외(1997), 『음식으로 본 동양 문화』, 대한교과서.

22) 곽무섭 역(2004), 『국제비즈니스 문화가 좌우한다』, 창해.

23) 남상민(1996), 『예절학－이론과 실제』, 박영사.

24) 남성희(1998), 『현대생활과 예절』, 학문사.

25) 남윤자 · 이형국(1996), 『남성복 연구』, 교학연구사.

26) 도영태 · 김순희(2005), 『직장예절』, 영진미디어.

27) 박준형(2000), 『볼프강의 글로벌비즈니스 에티켓Ⅰ』, 김영사.

28) ______(2000), 『볼프강의 글로벌비즈니스 에티켓Ⅱ』, 김영사.

29) 박찬옥(1995), 혼례서식의 현대적 모형, 한국 여성교양학회지 제2집.

30) 박찬옥 · 조희진(1997), 상례서식의 현대적 모형, 한국 여성교양학회지 제4집.

31) 박찬옥 · 조희진(2001), 언어예절에서 경어 사용에 관한 연구, 『한국여성교양학회지 제8집』.

32) 박한표 · 손일락 · 최호열(1999), 『현대인과 국제 매너』, 한올출판사.

33) 서명선(2001), 『매너와 21C신지식인』, 백산출판사.

34) 신강현(1999), 『글로벌매너 가꾸기』, 형설출판사.

35) 안혜숙 · 주영애 · 김인옥(2002), 『한국가정의 의례와 세시풍속』, 신정.

36) 양희옥(2004), 『현대사회와 대학매너 실무』, 형설출판사.

37) 엄문자 외(2002), 『생활문화와 매너』, 건국대학교출판부.

38) 엄문자 · 류미현(2004), 대학생의 생활매너 수행과 교육 요구 및 관련 변인 분석, 『한국가정관리학회지 22(6)』.

39) 엄문자·류미현(2005), 『비즈니스매너』, 건국대학교출판부.
40) 우혜영(2000), 『사회인의 직장예절』, 학문사.
41) 유시민 역(1999), 『유시민과 함께 읽는 유럽문화이야기』, 푸른나무.
42) 유희수 역(1995), 『매너의 역사』, 신서원.
43) 윤복자(1996), 『테이블셋팅 디자인』, 다섯수레.
44) 엘지인화원(1988), 『비즈니스 매너』, 엘지인화원.
45) 이동욱·윤병국(2003), 『매너와 이미지 메이킹』, 형설출판사.
46) 이무영(2004), 『예절바른 우리말 호칭』, 여강.
47) 이상우·정수원(2003), 『글로벌 매너, 글로벌경영』, 만남.
48) 이선희·김근종(1999), 『글로벌시대의 국제매너와 에티켓』, 한올출판사.
49) 이성옥·장미화·김나희·류지원(2002), 『이미지 메이킹』, 수문사.
50) 이연정·김지희·한재숙(2005), 한국 전통 식생활 예절에 대한 인식 및 실천 정도, 『한국식생활문화학회지 20(4)』.
51) 이원재·최기종(2001), 『뉴밀레니엄 국제매너』, 학문사.
52) 이정우(1996), 『생활예론』, 숙명여자대학 출판부
53) _____ 외(2000), 『가정경영학』, 수학사.
54) ______ 외(2000), 『생활문화와 예절, 개정판』, 숙명여자대학출판부.
55) ______(2001), 『지구촌 생활문화와 국제매너』, 양서원.
56) ______(2006), 『국제매너와 생활문화』, 양서원
57) 이정학 외(2001), 『국제매너』, 기문사.
58) 이종태(1997), 『세계문화 뛰어 넘기』, 더난 출판사.
59) 이형철(1995), 『국제매너 & 회화법』, 김영사.
60) ______(1999), 『글로벌 에티켓, 글로벌 매너』, 에디터.
61) 이효시(1988), 『한국의 음식문화』, 신광출판사.

62) 임정빈(2004), 『가정관리학』, 신정.
63) 임혜경(2001), 『신세대를 위한 예절 길라잡이』. 호미.
64) ______(2003), 『생활속의 매너 ABC』, 새로운 사람들.
65) 원융희(2000), 『국제화 시대를 위한 생활 에티켓』, 홍경.
66) 장명숙(1993), 『서양요리』, 신광출판사.
67) 주영애(1997), 바람직한 조문예절의 모색, 『한국여성교양학회지 제4집』.
68) 장원기 · 남택영(2001), 『글로벌 에티켓』, 기문사.
69) 주종대(2001), 『현대인의 국제매너』, 대왕사.
70) 차석빈 · 허윤정(2003), 『펼치면 매너가 보인다』, 현학사.
71) 최동식(2000), 『식음료 경영실무』, 대왕사.
72) 최영준 · 서진우(2004), 『주류학의 이해』, 기문사.
73) 채용식 · 박재완 · 주영환(2001), 『매너학』, 학문사.
74) 한국여성교양학회 예절연구회 편(2003), 『생활예절』, 신정.
75) 한명숙(2003), 『웨딩보떼』, 청구문화사.
76) 한홍렬 · 서규선 · 최문기 · 정문현(2001), 『생활예절과 국제 매너』, 인간사랑.
77) 현대기업문화연구팀(2001), 『직장인의 예절』, 현대미디어.
78) 호텔신라 서비스교육센터(2001), 『현대인을 위한 국제 매너』, 김영사.
79) Dress, N.(1999), *Multicaltural Celebration*, Three River Press New York.
80) Fonosch, G. G. & Kvitka, E. F.(1978), *Meal Management*, Canfield Press.
81) Fowler, S. F. & West, B.B. & Shugart, G.S.(1971), *Food for 50*, John Wily & Sons Inc.
82) Morrison, T., Conaway, W. A. & Borden, G. A.(1995), *Kiss, Bow, or Shake Hands: How to Do Business in 60 Countries*,

Adams Media Corporation.

83) Pincus, M.(1996), *Everyday Business Etiquette*, Barrons, Educational Series, Inc.

84) Post, P.(1997), *Family Post's Etiquette*. 16th ed., Harper Collins Publishers.

85) Post, P. & Post, P.(1999), *The etiquette advantage in business personal skills for professional success*, Haper Collins Publishers.

86) Vail, G. E. & Griswold, R. M. & Justin, M. M. & Rust, L. O.(1967), *Foods*, HM Co.

87) 高橋書店編輯部編(2001), 知りたいことがすぐわかる マナーBOOK.

88) 岩下宣子 著(1996), 見るわかる, 大泉書店.

89) http://www.0404.go.kr

90) http://www.amen6004.pe.kr

91) http://www.airport.or.kr

92) http://www.cambridge.co.kr

93) http://www.crefia.or.kr

94) http://www.hankooki.com

95) http://www.ilboniyagi.com

96) http://www.i-ciefrance.com

97) http://www.kcqr.co.kr

98) http://www.klafir.or.kr

99) http://www.restroom.or.kr

100) http://www.samsungdesign.net

101) http://www.servicedoctor.com

찾아보기

ㅇ

ㅎ